PÂTES M
RECETTES FACILES

LE LIVRE DE RECETTES COMPLET POUR
CUISINER LES PÂTES LES PLUS DÉLICIEUSES

BLAISE OLIVIER

TABLE DES MATIÈRES

INTRODUCTION

Les ingrédients qui sont utilisés pour faire les pâtes fraîches sont la farine et les œufs et éventuellement le sel. Cela conduit à l'un des aspects les plus déroutants de la fabrication de pâtes maison. Avec seulement deux ingrédients principaux, vous seriez pardonné de vous demander de quoi il s'agit. Comment cela peut-il être difficile ? Eh bien, bien sûr, cela ne doit pas être difficile.

Il existe des recettes simples qui, si elles sont suivies attentivement avec la bonne quantité de liquide et le bon type de farine, produiront d'excellents résultats à chaque fois. C'est juste qu'il y a tellement de façons de varier les recettes pour produire des résultats souhaitables qu'il vaut la peine de considérer les variables en jeu.

Aujourd'hui, la farine italienne classique utilisée pour les pâtes de tous les jours est connue en Italie et dans certains autres pays sous le nom de farine "00". Les Italiens utilisent une échelle de 00 à 04 pour indiquer la couleur des farines. La couleur dépend de la quantité de son et de germe « extraite » de la farine. Le son et le germe sont ce qui donne sa couleur à la farine. Le '00' a donc été débarrassé de tout son et germe et est donc une farine très blanche et lisse qui produit bien sûr des pâtes soyeuses et idéales pour de nombreuses utilisations.

En dehors de ces cas particuliers, le gluten est un élément clé du processus de fabrication des pâtes. Lorsqu'il est mélangé avec le liquide et laissé reposer pendant un certain temps, le gluten forme des liaisons au niveau chimique. Cela rend la pâte élastique et élastique. Il maintient la pâte ensemble et l'empêche de s'effriter ou de se désagréger. Le gluten est le même ingrédient qui donne à la pâte à pain ses propriétés.

PÂTE

1. Pâte de semoule

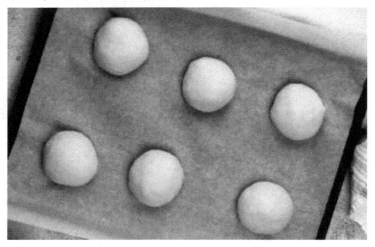

Ingrédients

- 2 1/2 tasses de farine tout usage, et plus pour saupoudrer
- 1 3/4 tasses de semoule
- 1 1/4 tasse d'eau

les directions

a) Mélanger la farine, la semoule et l'eau dans le bol d'un batteur sur socle équipé de l'accessoire à palette et mélanger à basse vitesse jusqu'à ce que la pâte se rassemble.

b) Éteignez le batteur, retirez la palette et remplacez-la par le crochet pétrisseur. Racler les parois du bol et battre la pâte avec le crochet pétrisseur à vitesse moyenne jusqu'à ce qu'elle forme une boule, environ 5 minutes. Saupoudrer une surface de travail plane avec de la farine.

c) Retournez la pâte sur la surface saupoudrée et pétrissez-la doucement pendant 20 à 25 minutes, jusqu'à ce que la boule commence à être élastique et que la surface de la pâte soit lisse et soyeuse.

d) Enveloppez la pâte dans une pellicule plastique et réfrigérez-la pour qu'elle repose pendant au moins 45 minutes et jusqu'à une nuit avant de la filmer.

2. Pâte sèche

Ingrédients

- 1 1/2 tasse de farine tout usage, et plus pour saupoudrer

- 12 jaunes d'œufs extra-larges (16 onces de jaunes), fouettés ensemble dans un bol moyen

les directions

a) Mettez la farine dans le bol d'un mélangeur sur pied équipé de l'accessoire à palette et commencez à faire fonctionner la machine à basse vitesse. Avec le batteur en marche, ajouter les jaunes d'œufs progressivement, en mélangeant jusqu'à ce que la pâte se rassemble. Éteignez le mélangeur et saupoudrez une surface de travail plane avec de la farine.

b) Retournez la pâte sur la surface saupoudrée, formez-la en boule et pétrissez-la doucement pendant 20 à 25 minutes, jusqu'à ce que la boule commence à être élastique et que la surface de la pâte soit lisse et soyeuse.

c) Enveloppez la pâte dans une pellicule plastique et réfrigérez-la pour qu'elle repose pendant au moins 45 minutes et jusqu'à une nuit avant de la filmer.

3. Pâte à pâtes de base

Ingrédients

- 2 1/4 tasses de farine tout usage, et plus pour saupoudrer

- 3 oeufs extra-gros

- 6 jaunes d'œufs extra-gros

les directions

a) Mettez la farine, les œufs et les jaunes d'œufs dans le bol d'un batteur sur socle muni de l'accessoire à palette et mélangez à basse vitesse jusqu'à ce que la pâte se rassemble. Éteignez le batteur, retirez la palette et remplacez-la par le crochet pétrisseur.

b) Racler les parois du bol et battre la pâte avec le crochet pétrisseur à vitesse moyenne jusqu'à ce qu'elle forme une boule, environ 5 minutes. Saupoudrer une surface de travail plane avec de la farine.

c) Retournez la pâte sur la surface saupoudrée et pétrissez-la doucement pendant 20 à 25 minutes, jusqu'à ce que la boule commence à être élastique et que la surface de la pâte soit lisse et soyeuse.

d) Enveloppez la pâte dans une pellicule plastique et réfrigérez-la pour qu'elle repose pendant au moins 45 minutes et jusqu'à une nuit avant de la filmer.

PÂTES À LA VOLAILLE

4. POULET Tetrazzini

Portions : 8

Ingrédients
- 8 onces. spaghetti
- 1 cuillères à soupe d'huile d'olive
- 4 poitrines de poulet effilochées
- Sel et poivre au goût
- 1 tasse de champignons frais tranchés
- 1 poivron rouge haché
- 1 oignon haché
- 4 gousses d'ail hachées
- $\frac{1}{4}$ tasse de beurre
- 3 cuillères à soupe de farine
- $\frac{1}{2}$ cuillères à café de thym
- 1 tasse de bouillon de poulet
- 1 tasse moitié-moitié
- $\frac{1}{4}$ tasse de vin blanc
- $\frac{1}{2}$ cuillères à café de sel d'ail
- $\frac{1}{2}$ cuillères à café d'origan
- Poivre à goûter
- $\frac{1}{2}$ tasse de mélange de fromages italiens râpés

les directions
a) Cuire les spaghettis dans une casserole d'eau bouillante salée pendant 10 minutes.
b) Faire chauffer l'huile dans une grande poêle.
c) Faire revenir le poivron, les champignons, l'oignon et l'ail dans la poêle et faire sauter pendant 5 minutes, jusqu'à ce que les légumes soient tendres et que le poulet ne soit plus rose.
d) Faire fondre le beurre dans une casserole et incorporer la farine.

e) Continuez à remuer jusqu'à ce qu'une pâte soit créée.
f) Verser lentement le bouillon, moitié-moitié et le vin en remuant continuellement.
g) Assaisonner la sauce avec du poivre, de l'origan et du thym.
h) Incorporer le mélange de fromages italiens et remuer pendant 5 minutes, jusqu'à ce que le fromage soit fondu.
i) Ajouter les noisettes et les légumes et laisser mijoter 5 minutes.

5. Pâtes au poulet à la crème fraîche

Portions : 4

Ingrédients
- 1 cuillères à soupe d'huile d'olive
- 6 filets de poulet
- $\frac{1}{4}$ tasse de vin blanc
- $\frac{1}{4}$ tasse de bouillon de poulet
- Sel et poivre au goût
- 8 onces. pâtes à nœud papillon
- 2 cuillères à soupe d'échalotes hachées
- 3 gousses d'ail hachées
- 1 tasse de champignons tranchés
- 2 tasses de crème fraîche
- 1/3 tasse de parmesan râpé
- 2 cuillères à soupe de persil haché

les directions
a) Faire chauffer l'huile dans une grande poêle.
b) Faire dorer le poulet pendant 5 minutes.
c) Verser le vin et le bouillon et assaisonner de sel et de poivre.
d) Laisser mijoter pendant 20 minutes.
e) Pendant que le poulet mijote, faire cuire les pâtes dans une casserole d'eau salée pendant 10 minutes et égoutter. Mettre de côté.
f) Utilisez une pince pour transférer le poulet dans un plat et coupez le poulet en cubes.
g) Ajouter l'oignon, l'ail et les champignons dans la poêle et faire sauter pendant 5 minutes.
h) Remettre les cubes de poulet dans la poêle et incorporer la crème fraîche.
i) Laisser mijoter 5 minutes.

j) Placer les pâtes dans un bol de service et verser la sauce sur les pâtes.

k) Garnir de parmesan et de persil haché.

6. Pad thaï

Portions : 6

Ingrédients
- 12 oz, nouilles de riz
- 2 cuillères à soupe d'huile d'arachide
- ½ tasse de poulet en cubes
- 3 gousses d'ail hachées
- 3 oignons verts hachés
- 1 cuillères à soupe d'huile d'olive
- 4 œufs
- 2 cuillères à café de sauce chili douce
- 1 cuillères à soupe de vinaigre de vin blanc
- 2 cuillères à soupe de sauce de poisson
- 1 cuillère à café de jus de citron vert
- 1 cuillères à soupe de sauce aux cacahuètes
- 2 cuillères à soupe, sucre
- ¼ tasse d'arachides concassées

les directions
a) Faire tremper les nouilles de riz dans un bol d'eau pendant 5 minutes. Égoutter et réserver.
b) Faire chauffer l'huile d'arachide dans une grande poêle.
c) Faire revenir l'ail, les oignons verts et le poulet pendant 5 minutes.
d) Transférer le poulet dans une assiette et réserver.
e) Faites chauffer l'huile d'olive dans la même poêle et cassez les œufs dans la poêle.
f) Brouiller les œufs jusqu'à ce qu'ils soient fermes, environ 5 minutes.

g) Incorporer la sauce chili, le vinaigre de vin blanc, la sauce de poisson, le jus de citron vert, la sauce aux arachides et le sucre.
h) Bien mélanger.
i) Remettre le poulet dans la poêle et cuire 3 minutes.
j) Transférer les nouilles dans la poêle et bien mélanger.
k) Garnir avec les cacahuètes concassées.

7. Lasagne au poulet

Portions : 6

Ingrédients
- 6 nouilles à lasagne non cuites, bouillies
- 1 tasse de poulet cuit effiloché
- 1 cuillères à soupe d'huile d'olive
- $\frac{1}{2}$ lb de champignons hachés
- 1 poivron rouge haché
- 1 petit oignon haché
- 3 gousses d'ail hachées
- $\frac{1}{4}$ tasse de bouillon de poulet
- 8 onces de fromage à la crème
- $\frac{1}{2}$ cuillères à café d'origan
- Sel et poivre au goût
- 2 tasses de fromage mozzarella râpé
- 3 tasses de sauce tomate

les directions
a) Préchauffer le four à 350 degrés F.
b) Faites chauffer l'huile d'olive dans une poêle et faites revenir les champignons, le poivron, l'oignon et l'ail pendant 5 minutes.
c) Mélanger le poulet effiloché, le bouillon, le fromage à la crème, les champignons, le poivron, l'oignon, l'ail et l'origan dans un bol.
d) Incorporer 1 tasse de fromage mozzarella et assaisonner de sel et de poivre.
e) Verser 1 tasse de sauce tomate dans un plat allant au four 9x13.
f) Créez trois couches de nouilles à lasagne, de mélange de poulet et de sauce tomate.

g) Garnir avec la tasse restante de fromage mozzarella râpé.

h) Cuire au four pendant 45 minutes.

8. Salade de pâtes au poulet au curry

Portions : 6

Ingrédients
- 8 onces. coquillettes
- 1 tasse de mayonnaise
- 1 tasse de crème sure
- 3 tasses de poulet cuit en cubes
- $\frac{1}{2}$ tasse de noix hachées
- $\frac{1}{2}$ tasse de raisins secs
- 2 cuillères à café de curry en poudre
- Sel et poivre au goût
- 3 oignons verts hachés

les directions
a) Cuire les pâtes dans une casserole d'eau bouillante salée pendant 10 minutes. Égoutter et laisser refroidir.
b) Mélanger la mayonnaise, la crème sure, le poulet, les noix, les raisins secs, la poudre de curry, le sel, le poivre et les oignons verts dans un bol.
c) Incorporer les pâtes.
d) Réfrigérer les pâtes pendant 3 heures.

9. Salade de poulet asiatique

Portions : 4

Ingrédients
- 2 cuillères à soupe de cassonade
- 1 cuillères à soupe de sauce soja
- 2 cuillères à soupe d'huile de sésame
- 3 cuillères à soupe de vinaigre de riz
- 1 tête de laitue nappa hachée
- 1 $\frac{1}{2}$ tasse de viande de poulet effilochée
- 4 oignons verts hachés
- 1 carotte pelée et râpée
- 1 tasse de pois gourmands
- $\frac{1}{4}$ tasse de tranches de mandarine
- 2 cuillères à café de graines de sésame grillées
- 3 cuillères à soupe d'amandes effilées
- 8 onces. nouilles frites en conserve

les directions
a) Mélanger la cassonade, la sauce soja, l'huile de sésame et le vinaigre de riz et verser dans un récipient.
b) Laisser reposer 30 minutes
c) Mélanger la laitue Napa, le poulet, les oignons verts, la carotte, les pois mange-tout et les tranches d'orange dans un grand bol.
d) Mélanger avec la vinaigrette.
e) Garnir de graines de sésame, d'amandes effilées et de nouilles frites en conserve.

10.   Nouilles ivres

Portions : 6

Ingrédients

- $\frac{1}{4}$ tasse de vinaigre de riz
- 2 cuillères à soupe de sauce de poisson
- Jus d'un demi-citron
- 1 cuillères à soupe de cassonade
- 1 cuillères à soupe de sauce sriracha
- $\frac{3}{4}$ tasse de viande de poulet hachée
- 16 onces. nouilles de riz larges – cuites selon les instructions sur l'emballage
- $\frac{1}{4}$ tasse d'huile de colza
- 4 gousses d'ail hachées
- 1 petit oignon coupé en dés
- $\frac{1}{2}$ tasse de sauce aux huîtres
- 2 cuillères à soupe de sauce soja
- 3 carottes pelées et râpées
- 1 tomate en dés
- 1 tasse de champignons tranchés
- $\frac{1}{2}$ maïs miniature
- 3 cuillères à soupe d'oignons verts hachés
- 1 tasse de coriandre hachée

les directions

a) Mélanger le vinaigre de riz, la sauce de poisson, le jus de citron, la cassonade et la sauce sriracha dans un bol.
b) Ajouter le poulet et bien enrober.
c) Faire mariner le poulet pendant 1 heure.
d) Faire chauffer l'huile de colza dans une poêle
e) Faire revenir l'ail et l'oignon pendant 5 minutes.
f) Ajouter le poulet avec la marinade et bien mélanger.

g) Laisser mijoter 10 minutes.

h) Incorporer le reste des ingrédients et continuer à remuer pendant 5 minutes.

11.   Poêlée de poulet à l'italienne

Portions : 4

Ingrédients

- 1 cuillères à soupe d'huile d'olive
- 1 ½ tasse de poulet en cubes
- 4 gousses d'ail hachées
- 1 oignon haché
- 1 poivron vert haché
- 1 poivron rouge haché
- ½ tasse de vin rouge
- 1 (28 oz.) boîte de tomates en dés avec jus
- ½ tasse de bouillon de poulet
- 1 cuillères à café d'assaisonnement italien ou au goût
- 8 onces. pâtes aux petites coquilles
- 6 onces. épinards hachés
- 1 tasse de parmesan râpé
- 2 cuillères à café de basilic haché

les directions

a) Faites chauffer l'huile d'olive dans une grande poêle et faites dorer le poulet pendant 5 minutes.

b) Ajouter l'ail, l'oignon et les poivrons et faire sauter pendant 5 minutes de plus.

c) Incorporer le vin, les tomates avec leur jus, le bouillon et l'assaisonnement italien.

d) Porter le liquide à ébullition et ajouter les pâtes dans la poêle.

e) Cuire les pâtes à feu moyen pendant 10 minutes, jusqu'à ce qu'elles soient cuites.

f) Ajouter les épinards et le parmesan et laisser mijoter 5 minutes de plus.

g) Servir garni de basilic ciselé.

.

12.   Poulet et Crevettes Carbonara

Portions : 6

Ingrédients
- $\frac{1}{4}$ tasse d'huile d'olive, divisée
- 1 lb de cubes de poulet
- 4 cuillères à soupe d'ail haché, divisé
- 1 cuillères à café de thym
- 1 cuillères à café d'origan
- 1 cuillères à café de basilic
- 1 lb de crevettes décortiquées et déveinées
- 16 onces. pâtes linguines
- 6 tranches de bacon en dés
- Sel et poivre au goût
- 1 oignon haché
- 1 tasse de champignons tranchés
- 1 poivron rouge haché
- 2 tasses de crème épaisse
- 1 tasse de lait
- 1 $\frac{1}{2}$ tasse de parmesan râpé
- 2 jaunes d'œufs
- 1 tasse de vin blanc.

les directions
a) Faites chauffer 2 cuillères à soupe d'olives dans une grande poêle.
b) Faire revenir la moitié de l'ail et assaisonner de thym, d'origan et de basilic.
c) Incorporer le poulet et cuire à feu doux pendant 10 minutes.
d) Placer le poulet sur un plat et réserver.

e) Dans la même poêle, faites chauffer 2 cuillères à soupe d'huile d'olive et faites revenir l'ail restant pendant 2 minutes.

f) Incorporer les crevettes et cuire à feu doux pendant 6 minutes.

g) Transférer les crevettes avec le poulet.

h) Cuire les linguines dans une casserole d'eau salée pendant 12 minutes.

i) Encore une fois, en utilisant la même poêle, faire frire le bacon jusqu'à ce qu'il soit cuit, environ 5 minutes.

j) Égouttez le bacon sur une serviette en papier et émiettez-le. Mettre de côté.

k) Faire revenir l'oignon, le poivron et les champignons dans la poêle avec la graisse de bacon pendant 5 minutes.

l) Mélanger la crème épaisse, le lait, le parmesan, les jaunes d'œufs, le sel et le poivre dans un bol.

m) Ajouter le vin à l'oignon, au poivron et aux champignons dans la casserole et porter à ébullition.

n) Cuire à feu doux pendant 5 minutes.

o) Incorporer le mélange de crème épaisse et laisser mijoter 5 minutes.

p) Remettre les crevettes et le poulet dans la poêle et napper de sauce.

q) Servir les crevettes et le poulet avec les pâtes.

13.   Soupe de coquillages au romarin

SERVIT4

Ingrédients

- 2 cuillères à café d'huile d'olive
- 1/2 C. coquilles de pâtes de blé entier ou 1/2 C. coquille
- 1 gousse d'ail, hachée finement
- Pâtes
- 1 échalote, finement hachée
- 1 cuillères à café de romarin
- 3 -4 C. bouillon de poulet sans gras ou 3 -4 C.
- 3 C. Bébés épinards, nettoyés et parés
- bouillon de légumes
- 1/8 cuillères à café de poivre noir
- 1 (14 1/2 oz.) boîte de tomates en dés
- 1 trait de flocons de piment rouge broyés
- 1 (14 1/2 oz.) boîte de haricots blancs (cannellini ou autre)

les directions

a) Placer une grande casserole à feu moyen. Y faire chauffer l'huile. Ajouter l'ail et l'échalote puis les cuire 4 min.

b) Incorporer le bouillon, les tomates, les haricots et le romarin, le poivron noir et rouge. Faites-les cuire jusqu'à ce qu'ils commencent à bouillir. Incorporer les pâtes et laisser mijoter la soupe pendant 12 min.

c) Incorporer les épinards et laisser mijoter la soupe jusqu'à ce qu'elle ramollisse. Servir la soupe tiède.

d) Prendre plaisir.

14. Pâtes cloches

SERVIT8

Ingrédients

- 1 cuillères à soupe d'huile d'olive
- 1 1/2 C. haricots rouges, cuits
- 1 oignon, haché
- 2 cuillères à café de thym frais haché
- 2 gousses d'ail, hachées
- 1/2 C. d'épinards hachés
- 1 poivron rouge, haché
- 1 C. de pâtes aux coquillages
- 3 C. bouillon de poulet faible en gras et faible
- poivre noir moulu au goût
- 1 C. de tomates entières en conserve, hachées

les directions

a) Placer une grande casserole à feu moyen. Y faire chauffer l'huile. Ajouter l'oignon et l'ail puis les cuire 5 min. Incorporer les poivrons et les faire cuire 3 min.

b) Incorporer le bouillon, les tomates et les haricots. Faites-les cuire jusqu'à ce qu'ils commencent à bouillir. Baisser le feu et laisser mijoter la soupe pendant 20 min.

c) Ajouter le thym, les épinards et les pâtes. Cuire la soupe 5 min. Rectifier l'assaisonnement de la soupe. Servez-le chaud.

d) Prendre plaisir.

15.Soupe aux tomates séchées fumées

SERVIT8

Ingrédients

- 2 tranches de bacon de dinde, hachées finement
- 1 botte de bette à carde rouge ou blanche
- 1 oignon, haché
- 1/4 C. de petites pâtes non cuites, comme l'orzo ou
- 1 gousse d'ail, hachée
- pastina
- 1/4 cuillères à café de noix de muscade fraîchement râpée (facultatif)
- 5 grandes feuilles de sauge fraîche, hachées
- 1/8 cuillères à café de flocons de piment rouge broyés
- 5 feuilles de basilic frais, hachées grossièrement (facultatif) (facultatif)
- 1 cuillères à soupe de parmesan râpé, divisé
- 6 C. bouillon de poulet, ou plus au besoin (facultatif)
- 1 boîte (15 oz) de haricots cannellini, égouttés et
- 1 cuillères à soupe d'huile d'olive extra vierge, divisée (facultatif) rincée - ou plus au goût
- 2 cuillères à soupe de tomates séchées hachées

- 2 oz. Croûte de parmesan

les directions

a) Placer une grande casserole à feu moyen. Ajouter le bacon, l'oignon, l'ail, la muscade et les flocons de piment rouge puis cuire 5 min.

b) Incorporer le bouillon de poulet et les haricots cannellini puis les faire cuire jusqu'à ce qu'ils commencent à bouillir. Ajouter les tomates séchées et le morceau de croûte de parmesan.

c) Cuire la soupe à feu doux pendant 10 min.

d) Coupez les tiges de la bette à carde en lingue de 3/4 de pouce et les feuilles en tranches de 1 pouce de large. Ajouter les tiges avec les pâtes à la soupe puis les cuire 10 min à feu doux.

e) Ajouter les feuilles de blettes tranchées, la sauge et le basilic puis cuire 5 min à feu doux. Servir la soupe chaude avec du fromage.

16.Pâtes à la crème de poulet au fromage

SERVIT6

Ingrédients

- 1 1/2 C. de farine, plus
- 1 poivron rouge, coupé en julienne
- 1 cuillères à soupe de farine
- 1/2 C. de vin blanc
- 1 cuillères à soupe de sel
- 1/2 lb de feuilles d'épinards entières, équeutées
- 2 cuillères à café de poivre noir
- 12 onces liquides. crème épaisse
- 2 cuillères à café d'assaisonnement aux herbes italiennes
- 1 C. de parmesan, râpé
- 3 livres. poitrines de poulet désossées et sans peau
- 3 onces liquides. huile végétale, divisée
- 1 lb de pâtes penne
- 1 cuillères à soupe d'ail, haché

les directions

a) Avant de faire quoi que ce soit, réglez le four à 350 F.

b) Obtenez un plat peu profond : mélangez-y 1 1/2 C. farine, sel, poivre noir et assaisonnement aux herbes italiennes.

c) Mettez une grande poêle allant au four à feu moyen puis faites-y chauffer un peu d'huile.

d) Enrober les poitrines de poulet avec le mélange de farine puis les faire dorer à la poêle 4 min de chaque côté. Transférer la poêle avec le poulet au four et cuire 17 min.

e) Faites cuire les pâtes penne en suivant les instructions sur l'emballage jusqu'à ce qu'elles deviennent dente.

f) Égouttez-le et mettez-le de côté.

g) Pour faire la sauce :

h) Placer une grande casserole à feu moyen. Ajoutez-y 1 oz. d'huile. Y faire cuire le poivron rouge avec l'ail pendant 1 min. Incorporer la farine.

i) Mouiller avec le vin et faire cuire 1 min. Ajouter la crème et les épinards puis les cuire jusqu'à ce qu'ils commencent à bouillir. Incorporer le fromage jusqu'à ce qu'il fonde.

j) Prenez un grand bol à mélanger : mélangez les pâtes avec la moitié de la sauce. Servir les pâtes chaudes avec le poulet puis arroser le reste de sauce sur le dessus.

17. Alfredo classique

Ingrédients

- 6 demi-poitrines de poulet désossées et sans peau
- 3/4 cuillères à café de poivre blanc moulu
- 3 C. de lait
- 6 cuillères à soupe de beurre, divisé
- 1 C. moitié-moitié
- 4 gousses d'ail, hachées, divisées
- 3/4 C. de parmesan râpé
- 1 cuillères à soupe d'assaisonnement italien
- 8 onces. fromage Monterey Jack râpé
- 1 lb de pâtes fettuccini
- 3 tomates Roma (prunes), coupées en dés
- 1 oignon, coupé en dés
- 1/2 C. de crème sure
- 1 paquet (8 oz) de champignons tranchés
- 1/3 C. de farine tout usage
- 1 cuillères à soupe de sel

les directions

a) Remuez votre poulet après l'avoir enrobé d'assaisonnement italien dans 2 cuillères à soupe de beurre avec 2 morceaux d'ail.

b) Faites sauter la viande jusqu'à ce qu'elle soit entièrement cuite, puis mettez le tout de côté.

c) Faites maintenant bouillir vos pâtes dans de l'eau et du sel pendant 9 minutes puis retirez tous les liquides.

d) Dans le même temps, faites revenir vos oignons dans 4 cuillères à soupe de beurre avec les champignons et 2 autres morceaux d'ail.

e) Continuez à faire frire le mélange jusqu'à ce que les oignons soient transparents, puis mélangez-y votre poivre, votre sel et votre farine.

f) Remuer et cuire le mélange pendant 4 minutes. Ajoutez ensuite petit à petit votre demi-moitié et le lait, tout en remuant jusqu'à ce que tout soit lisse.

g) Incorporer le Monterey et le parmesan et laisser cuire jusqu'à ce que le fromage soit fondu, puis ajouter le poulet, la crème sure et les tomates.

h) Servez généreusement vos pâtes avec le mélange de poulet et la sauce.

18.Parmigiana italienne facile

SERVIT2

Ingrédients

- 1 oeuf, battu
- 2 oz. fromage mozzarella râpé
- 2 oz. chapelure
- 1/4 C. de parmesan râpé
- 2 poitrines de poulet désossées et sans peau
- moitiés
- 3/4 (16 oz) pot de sauce à spaghetti

les directions

a) Enduisez une plaque à biscuits d'huile puis réglez votre four à 350 degrés avant de faire quoi que ce soit d'autre.

b) Prenez un bol et ajoutez vos œufs.

c) Prenez le 2ème bol et ajoutez votre chapelure.

d) Enrobez d'abord votre poulet avec les œufs puis avec la chapelure.

e) Déposez vos morceaux de poulet sur la plaque à biscuits et faites-les cuire au four pendant 45 minutes, jusqu'à ce qu'ils soient complètement cuits.

f) Ajoutez maintenant la moitié de votre sauce pour pâtes dans une casserole et déposez votre poulet sur la sauce.

g) Déposer le reste de sauce sur les morceaux de poulet. Ajoutez ensuite une garniture de parmesan et de mozzarella sur le tout.

h) Cuire la parmigiana au four pendant 25 minutes.

15. Poulet de Milan

SERVIT4

INGRÉDIENTS

- 1 cuillères à soupe de beurre
- sel et poivre au goût
- 2 gousses d'ail, hachées
- 2 cuillères à soupe d'huile végétale
- 1/2 C. tomates séchées au soleil, coupées en dés
- 2 cuillères à soupe de basilic frais coupé en dés
- 1 c. de bouillon de poulet, divisé
- 8 onces. pâtes fettuccini sèches
- 1 c. de crème épaisse
- 1 lb de poitrine de poulet désossée et sans peau
- moitiés

les directions

a) Enduisez une plaque à biscuits d'huile puis réglez votre four à 350 degrés avant de faire quoi que ce soit d'autre.

b) Faire sauter votre ail 1 min, dans du beurre, puis incorporer 3/4 C. de bouillon et les tomates.

c) Montez le feu et faites bouillir le tout.

d) Une fois que le mélange bout, réglez le feu à doux et laissez le contenu cuire pendant 12 minutes.

e) Maintenant, ajoutez la crème et remettez le tout à bouillir jusqu'à ce que le mélange soit épais.

f) Enduisez votre poulet de poivre et de sel puis faites frire la viande dans l'huile chaude pendant 5 minutes de chaque côté jusqu'à ce qu'elle soit complètement cuite. Ensuite, placez le poulet de côté dans un bol couvert.

g) Retirez une partie du jus de cuisson de la casserole et commencez à faire bouillir 1/4 C. de bouillon tout en grattant les morceaux du bas.

h) Une fois que le mélange bout, réglez le feu à doux, ajoutez le basilic et laissez le bouillon réduire un peu.

i) Une fois réduit, mélangez-le avec la crème de tomate.

j) Commencez maintenant à faire bouillir vos pâtes dans l'eau et le sel pendant 9 minutes puis retirez le liquide et placez le tout dans un bol. Incorporer les pâtes avec environ 5 cuillères à soupe de sauce tomate à la crème.

k) Coupez maintenant votre poulet en lanières et réchauffez à nouveau la tomate. Répartissez vos nouilles entre les plats de service. Garnir les nouilles avec du poulet, puis de la sauce.

16.   Pâtes au poulet et aux noisettes

SERVIT4

Ingrédients

- 6 tranches de bacon
- 1 pot (6 oz) de cœurs d'artichauts marinés, égouttés
- 10 pointes d'asperges, extrémités parées et hachées grossièrement
- 1/2 paquet (16 oz) de rotini, de coude ou de penne
- 1 blanc de poulet cuit, pâtes en cubes
- 1/4 C. de canneberges séchées
- 3 cuillères à soupe de mayonnaise faible en gras
- 1/4 C. amandes effilées grillées
- 3 cuillères à soupe de vinaigrette balsamique
- sel et poivre au goût
- 2 cuillères à café de jus de citron
- 1 cuillères à café de sauce Worcestershire

les directions

a) Placer une grande casserole à feu moyen. Faites-y cuire le bacon jusqu'à ce qu'il devienne croustillant. Retirez-le de l'excès de graisse. Émiettez-le et mettez-le de côté.

b) Cuire les pâtes selon les indications sur le paquet.

c) Prenez un petit bol à mélanger : mélangez-y la mayonnaise, la vinaigrette balsamique, le jus de citron et la sauce Worcestershire. Mélangez-les bien.

d) Prenez un grand bol à mélanger : versez-y les pâtes avec la vinaigrette. Ajouter l'artichaut, le poulet, les canneberges, les amandes, le bacon émietté et les asperges, une pincée de sel et de poivre.

e) Remuez-les bien. Refroidir la salade au réfrigérateur pendant 1 h 10 puis la servir.

17.   Filets de poulet et salade Farfalle

SERVIT6

Ingrédients

- 6 oeufs
- 3 oignons verts, tranchés finement
- 1 paquet (16 oz) de pâtes farfalle (nœud papillon)
- 1/2 oignon rouge, haché
- 1/2 (16 oz.) bouteille de salade à l'italienne
- 6 filets de poulet

Pansement

- 1 concombre, tranché
- 4 cœurs de laitue romaine, tranchés finement
- 1 botte de radis, parés et tranchés
- 2 carottes, pelées et tranchées

les directions

a) Mettez les œufs dans une grande casserole et couvrez-les d'eau. Cuire les œufs à feu moyen jusqu'à ce qu'ils commencent à bouillir.

b) Éteignez le feu et laissez reposer les œufs pendant 16 min. Rincez les œufs avec de l'eau froide pour leur faire perdre de la chaleur.

c) Écalez les œufs et émincez-les puis mettez-les de côté.

d) Placer les filets de poulet dans une grande casserole. Couvrez-les avec 1/4 C. d'eau. Faites-les cuire à feu moyen jusqu'à ce que le poulet soit cuit.

e) Égouttez les filets de poulet et coupez-les en petits morceaux.

f) Obtenez un grand bol à mélanger : mélangez-y les pâtes, le poulet, les œufs, le concombre, les radis, les carottes, les oignons verts et l'oignon rouge. Ajouter la vinaigrette italienne et mélanger à nouveau.

g) Placer la salade au réfrigérateur pendant 1 h 15 min.

h) Déposer les cœurs de laitue sur des assiettes de service. Répartir la salade entre eux.

18.   Lasagne Alfredo au poulet

Ingrédients

- 4 onces de pancetta finement tranchée, coupée en lanières
- 3 onces de prosciutto finement tranché ou de jambon de charcuterie, coupé en lanières
- 3 tasses de poulet rôti effiloché
- 5 cuillères à soupe de beurre non salé, en cubes
- 1/4 tasse de farine tout usage
- 4 tasses de lait entier
- 2 tasses de fromage Asiago râpé, divisé
- 2 cuillères à soupe de persil frais haché, divisé
- 1/4 cuillère à café de poivre grossièrement moulu
- Pincée de muscade moulue
- 9 pâtes à lasagne sans cuisson
- 1-1/2 tasses de fromage mozzarella partiellement écrémé râpé
- 1-1/2 tasses de parmesan râpé

les directions

a) Dans une grande poêle, cuire la pancetta et le prosciutto à feu moyen jusqu'à ce qu'ils soient dorés. Égoutter sur du papier absorbant. Transférer dans un grand bol; ajouter le poulet et mélanger pour combiner.

b) Pour la sauce, dans une grande casserole, faire fondre le beurre à feu moyen. Incorporer la farine jusqu'à consistance lisse; incorporer progressivement le lait. Porter à ébullition, en remuant constamment; cuire et remuer 1-2 minutes ou jusqu'à épaississement. Retirer du feu; incorporer 1/2 tasse de fromage Asiago, 1 cuillère à soupe de persil, de poivre et de muscade.

c) Préchauffer le four à 375°. Étendre 1/2 tasse de sauce dans un moule graissé de 13 x 9 po. plat de cuisson. Couche avec un tiers de chacun des éléments suivants : nouilles, sauce, mélange de viande, asiago, mozzarella et parmesan. Répétez les couches deux fois.

d) Cuire, couvert, 30 minutes. Dévoiler; cuire 15 minutes de plus ou jusqu'à ce que le tout bouillonne. Parsemer du reste de persil. Laisser reposer 10 minutes avant de servir.

19.   POULET Tetrazzini

Ingrédient

- 8 onces de spaghettis non cuits
- 2 cuillères à café plus 3 cuillères à soupe de beurre, divisé
- 8 tranches de bacon, hachées
- 2 tasses de champignons frais tranchés
- 1 petit oignon, haché
- 1 petit poivron vert, haché
- 1/3 tasse de farine tout usage
- 1/4 cuillère à café de sel
- 1/4 cuillère à café de poivre
- 3 tasses de bouillon de poulet
- 3 tasses de poulet rôti grossièrement râpé
- 2 tasses de pois surgelés (environ 8 onces)
- 1 pot (4 onces) de pimientos coupés en dés, égouttés
- 1/2 tasse de fromage romano ou parmesan râpé

les directions

a) Préchauffer le four à 375°. Cuire les spaghettis selon les instructions sur l'emballage pour une cuisson al dente. Drainer; transférer dans un 13x9-in graissé. plat de cuisson. Ajouter 2 cuillères à café de beurre et mélanger pour bien enrober.

b) Entre-temps, dans une grande poêle, cuire le bacon à feu moyen jusqu'à ce qu'il soit croustillant, en remuant de temps à autre. Retirer avec une écumoire; égoutter sur du papier absorbant. Jeter le jus de cuisson, en réservant 1 cuillère à soupe dans le moule. Ajouter les champignons, l'oignon et le poivron vert au jus de cuisson; cuire et remuer à feu moyenélevé pendant 5 à 7 minutes ou jusqu'à ce qu'ils soient tendres. Retirer du moule.

c) Dans la même poêle, chauffer le reste du beurre à feu moyen. Incorporer la farine, le sel et le poivre jusqu'à consistance lisse; incorporer graduellement le bouillon. Porter à ébullition en remuant de temps en temps; cuire et remuer de 3 à 5 minutes ou jusqu'à ce qu'il ait légèrement épaissi. Ajouter le poulet, les pois, les piments et le mélange de champignons; réchauffer en remuant de temps en temps. Verser sur les spaghettis. Saupoudrer de bacon et de fromage.

d) Cuire, à découvert, de 25 à 30 minutes ou jusqu'à ce qu'ils soient dorés. Laisser reposer 10 minutes avant de servir.

20.   Poêlée de crevettes aux cheveux d'ange

Ingrédient

- 1 paquet (9 onces) de pâtes cheveux d'ange réfrigérées
- 1-1/2 livre de crevettes moyennes non cuites, décortiquées et déveinées
- 3/4 tasse de fromage feta émietté
- 1/2 tasse de fromage suisse râpé
- 1 pot (16 onces) de salsa épaisse
- 1/2 tasse de fromage Monterey Jack râpé
- 3/4 tasse de persil frais haché
- 1 cuillère à café de basilic séché
- 1 cuillère à café d'origan séché
- 2 gros oeufs
- 1 tasse de crème moitié-moitié
- 1 tasse de yaourt nature
- Persil frais haché, facultatif

les directions

a) Dans un graissé 13x9-in. plat allant au four, superposer la moitié des pâtes, les crevettes, le fromage feta, le fromage suisse et la salsa. Répétez les couches. Saupoudrer de fromage Monterey Jack, de persil, de basilic et d'origan.

b) Dans un petit bol, fouetter les œufs, la crème et le yogourt; verser sur la cocotte. Cuire, à découvert, à 350° jusqu'à ce qu'un thermomètre indique 160°, 25-30 minutes. Laisser reposer 5 minutes avant de servir. Si désiré, garnir de persil haché.

21.   Lasagne au curry

Ingrédient

- 1 cuillère à soupe d'huile de colza
- 1 oignon moyen, haché
- 4 cuillères à café de curry en poudre
- 3 gousses d'ail, hachées
- 1 boîte (6 onces) de pâte de tomate
- 2 boîtes (13,66 onces chacune) de lait de coco
- 1 livre (environ 4 tasses) de poulet rôti effiloché, sans la peau
- 12 pâtes à lasagne, non cuites
- 2 tasses de fromage ricotta partiellement écrémé
- 2 gros oeufs
- 1/2 tasse de coriandre fraîche hachée, divisée
- 1 paquet (10 onces) d'épinards hachés surgelés, décongelés et essorés
- 1/2 cuillère à café de sel
- 1/4 cuillère à café de poivre
- 2 tasses de fromage mozzarella partiellement écrémé râpé
- Quartiers de lime

les directions

a) Préchauffer le four à 350°. Dans une grande poêle, chauffer l'huile à feu moyen-vif. Ajouter l'oignon; cuire et remuer jusqu'à ce qu'ils soient ramollis, environ 5 minutes. Ajouter la poudre de cari et l'ail; cuire 1 minute de plus. Incorporer la pâte de tomate; verser le lait de coco dans la poêle. Porter à ébullition. Réduire le feu et laisser mijoter 5 minutes. Incorporer le poulet cuit.

b) Pendant ce temps, faites cuire les nouilles à lasagne selon les instructions sur l'emballage. Drainer. Mélanger la ricotta, les œufs, 1/4 tasse de coriandre, les épinards et les assaisonnements.

c) Étendre un quart du mélange de poulet dans un moule de 13 x 9 po. plat allant au four vaporisé d'un enduit à cuisson. Couche avec 4 nouilles, la moitié du mélange de ricotta, un quart du mélange de poulet et 1/2 tasse de mozzarella. Répétez les couches. Garnir des nouilles restantes, du mélange de poulet restant et de la mozzarella restante.

d) Cuire au four, à découvert, jusqu'à ce que bouillonnant, 40-45 minutes. Laisser refroidir 10 minutes avant de couper. Garnir du reste de coriandre; servir avec des quartiers de lime.

22.   Rigatonis et boulettes de viande au four

Ingrédient

- 3½ tasse de pâtes Rigatoni

- 1⅓ tasse de mozzarella, râpée

- 3 cuillères à soupe de parmesan, fraîchement râpé

- 1 livre de dinde hachée maigre

Les directions:

a) Boulettes de viande : Dans un bol, battre légèrement l'œuf; mélanger l'oignon, la chapelure, l'ail, le parmesan, l'origan, le sel et le poivre. Mélanger à la dinde.

b) Façonner une cuillerée à soupe comble en boules.

c) Dans une grande poêle, chauffer l'huile à feu moyen-vif; cuire les boulettes de viande, par lots si nécessaire, pendant 8 à 10 minutes ou jusqu'à ce qu'elles soient dorées de tous les côtés.

d) Ajouter l'oignon, l'ail, les champignons, le poivron vert, le basilic, le sucre, l'origan, le sel, le poivre et l'eau dans la poêle; cuire à feu moyen, en remuant de temps à autre, environ 10 minutes ou jusqu'à ce que les légumes soient ramollis. Incorporer les tomates et la pâte de tomates; faire bouillir. Ajouter les boulettes de viande

e) Entre-temps, dans une grande casserole d'eau bouillante salée, faire cuire les rigatoni. Transférer dans un plat allant au four de 11 x 7 pouces ou dans une cocotte peu profonde de 8 tasses.

f) Saupoudrer de mozzarella, puis de parmesan uniformément sur le dessus. Cuire

23.   Penne au four avec boulettes de dinde

Ingrédient

- 1 livre de dinde hachée

- 1 grosse gousse d'ail; haché

- ¾ tasse de chapelure fraîche

- ½ tasse d'oignon finement haché

- 3 cuillères à soupe de pignons de pin; grillé

- ½ tasse de feuilles de persil frais hachées

- 1 œuf large; battu légèrement

- 1 cuillère à café de sel

- 1 cuillère à café de poivre noir

- 4 cuillères à soupe d'huile d'olive

- 1 livre de pennes

- 1½ tasse de fromage mozzarella grossièrement râpé

- 1 tasse de fromage romano fraîchement râpé

- 6 tasses de sauce tomate

- 1 Conteneur ; (15 oz) de fromage ricotta

Les directions:

a) Dans un bol, bien mélanger la dinde, l'ail, la chapelure, l'oignon, les pignons de pin, le persil, l'œuf, le sel et le poivre et former des boulettes de viande et cuire.

b) Cuire les pâtes

c) Dans un petit bol, mélanger la mozzarella et le Romano. Verser environ $1\frac{1}{2}$ tasse de sauce tomate et la moitié des boulettes de viande dans le plat préparé et déposer la moitié des pâtes sur le dessus.

d) Étendre la moitié de la sauce restante et la moitié du mélange de fromage sur les pâtes. Garnir des boulettes de viande restantes et déposer des cuillerées de ricotta sur les boulettes de viande. Cuire les penne au milieu du four de 30 à 35 minutes.

PÂTES AU POISSON/FRUITS DE MER

24.   Crevettes au Pesto avec Pâtes

Portions : 4

Ingrédients
- 8 onces. spaghetti
- 2 gousses d'ail hachées
- Sel au goût
- 1 cuillères à soupe d'huile d'olive
- 8 onces. asperges
- 1 tasse de champignons blancs tranchés
- $\frac{3}{4}$ livre de crevettes décortiquées et déveinées
- $\frac{1}{8}$ cuillères à café de poivron rouge
- $\frac{1}{4}$ tasse de pesto – ou préparez le vôtre
- 2 cuillères à soupe de parmesan râpé

les directions
a) Plonger les spaghettis dans une casserole d'eau bouillante salée et cuire 10 minutes.
b) Égouttez les spaghettis mais gardez une partie de l'eau des pâtes de côté.
c) Faire chauffer l'huile d'olive dans une poêle.
d) Faire sauter l'ail, les asperges et les champignons pendant 5 minutes ou jusqu'à ce qu'ils soient tendres.
e) Ajouter les crevettes dans la poêle et assaisonner de poivron rouge
f) Cuire pendant 5 minutes.
g) Si vous avez besoin de liquide, ajoutez quelques cuillères à soupe d'eau de cuisson.
h) Mélanger la sauce pesto et le parmesan.
i) Incorporer le pesto aux crevettes.
j) Cuire 5 minutes
k) Servir sur les spaghettis.

25.   Salade de fruits de mer aux macaronis

Portions : 12

Ingrédients
- 16 onces. pâtes farfalles
- 3 œufs durs hachés
- 2 branches de céleri hachées
- 6 oz, petites crevettes cuites
- $\frac{1}{2}$ tasse de vraie chair de crabe
- Sel et poivre au goût

Pansement:
- 1 tasse de mayonnaise
- $\frac{1}{2}$ cuillères à café de paprika
- 2 cuillères à café de jus de citron

les directions
a) Cuire les pâtes dans une casserole d'eau bouillante salée pendant 10 minutes. Drainer.
b) Transférer les pâtes dans un grand bol et incorporer le reste des ingrédients de la salade.
c) Mélanger les ingrédients de la vinaigrette et mélanger avec la salade.
d) Couvrir et réfrigérer pendant 1 heure.

26. Pâtes au saumon fumé

Portions : 8

Ingrédients
- 16 onces. Penne
- ¼ tasse de beurre
- 1 petit oignon haché
- 3 gousses d'ail hachées
- 3 cuillères à soupe de farine
- 2 tasses de crème légère
- ½ tasse de vin blanc
- 1 cuillères à soupe de jus de citron
- ½ tasse de fromage romano râpé
- 1 tasse de champignons tranchés
- ¾ lb de saumon fumé haché

les directions
a) Cuire les pâtes dans une casserole d'eau salée pendant 10 minutes. Drainer.
b) Faire fondre le beurre dans une poêle et y faire revenir l'oignon et l'ail pendant 5 minutes.
c) Incorporer la farine au mélange de beurre et continuer à remuer pendant 2 minutes.
d) Ajouter délicatement la crème légère.
e) Amener le liquide juste en dessous du point d'ébullition.
f) Incorporer le fromage et continuer à remuer jusqu'à ce que le mélange soit lisse, environ 3 minutes.
g) Ajouter les champignons et laisser mijoter 5 minutes.
h) Transférer le saumon dans la poêle et cuire 3 minutes.
i) Servir le mélange de saumon sur les pâtes penne.

27.   Pétoncles de baie aux spaghettis

Portions : 4

Ingrédients
- 8 onces. spaghetti
- ⅓tasse de vin blanc sec
- 3 cuillères à soupe de beurre
- 1 lb de pétoncles de baie
- 4 gousses d'ail hachées
- 1 pincée de flocons de piment rouge
- 1 tasse de crème épaisse
- Sel et poivre au goût
- Jus d'un demi-citron
- $\frac{1}{4}$ tasse de Pecorino-Romano râpé

les directions
a) Cuire les spaghettis dans une casserole d'eau salée pendant 10 minutes. Égoutter et réserver.
b) Faire chauffer le beurre dans une grande poêle.
c) Ajouter les pétoncles en une seule couche et faire revenir 2 minutes à feu moyen.
d) Retourner les pétoncles et faire dorer l'autre face 1 minute de plus.
e) Incorporer l'ail, les flocons de piment rouge et le vin et cuire 1 minute. Assurez-vous de ne pas trop cuire les pétoncles.
f) Assaisonner avec du sel, du poivre et le jus d'un demi-citron.
g) Incorporer les spaghettis dans la poêle et les combiner avec les pétoncles.
h) Laisser mijoter 2 minutes et garnir de fromage râpé.

28.   Salade de crabe

Portions : 4

Ingrédients
- 1 tasse de macaroni au coude
- $\frac{1}{2}$ tasse de mayonnaise
- 3 cuillères à soupe de crème sure
- 12 onces. chair de crabe émiettée
- 3 branches de céleri hachées
- $\frac{1}{4}$ tasse de pois surgelés décongelés
- 1 cuillères à café de jus de citron
- $\frac{3}{4}$ cuillères à café d'assaisonnement Old Bay
- Sel et poivre au goût
- $\frac{1}{2}$ cuillères à café de paprika - facultatif

les directions
a) Cuire les macaronis dans une casserole d'eau salée pendant 10 minutes et égoutter. Laisser refroidir.
b) Mélanger le reste des ingrédients et incorporer les macaronis.
c) Garnir de paprika, si utilisé.

29.   Crevettes Lo Mein

Portions : 2

Ingrédients
- 8 onces. spaghetti
- $\frac{1}{4}$ tasse de sauce soja
- 3 cuillères à soupe de sauce aux huîtres
- 1 cuillères à soupe de miel
- $\frac{1}{2}$ pouce de gingembre râpé
- 1 cuillères à soupe d'huile d'olive
- 1 poivron rouge haché
- 1 petit oignon tranché
- $\frac{1}{2}$ tasse de châtaignes d'eau hachées
- $\frac{1}{2}$ tasse de champignons cremini tranchés
- 3 gousses d'ail hachées
- 1 lb de crevettes fraîches décortiquées et déveinées
- 2 oeufs battus

les directions
a) Cuire les spaghettis dans une casserole d'eau salée pendant 10 minutes. Videz l'eau.
b) Mélanger la sauce soja, la sauce aux huîtres, le miel et le gingembre dans un bol.
c) Faire chauffer l'huile d'olive dans une grande poêle.
d) Faire revenir le poivron, l'oignon, les châtaignes d'eau, les champignons pendant 5 minutes.
e) Incorporer l'ail et les crevettes et remuer pendant 2 minutes de plus.
f) Déplacer les ingrédients d'un côté de la poêle et brouiller les œufs de l'autre côté pendant 5 minutes.
g) Ajouter les spaghettis et la sauce et mélanger tous les ingrédients pendant 2 minutes.

30.   Crevette Carbonara

Portions : 6

Ingrédients
- $\frac{1}{4}$ tasse d'huile d'olive, divisée
- 1 lb de cubes de poulet
- 4 cuillères à soupe d'ail haché, divisé
- 1 cuillères à café de thym
- 1 cuillères à café d'origan
- 1 cuillères à café de basilic
- 1 lb de crevettes décortiquées et déveinées
- 16 onces. pâtes linguines
- 6 tranches de bacon en dés
- Sel et poivre au goût
- 1 oignon haché
- 1 tasse de champignons tranchés
- 1 poivron rouge haché
- 2 tasses de crème épaisse
- 1 tasse de lait
- 1 $\frac{1}{2}$ tasse de parmesan râpé
- 2 jaunes d'œufs
- 1 tasse de vin blanc.

les directions
a) Faites chauffer 2 cuillères à soupe d'olives dans une grande poêle.
b) Faire revenir la moitié de l'ail et assaisonner de thym, d'origan et de basilic.
c) Incorporer le poulet et cuire à feu doux pendant 10 minutes.
d) Placer le poulet sur un plat et réserver.

e) Dans la même poêle, faites chauffer 2 cuillères à soupe d'huile d'olive et faites revenir l'ail restant pendant 2 minutes.

f) Incorporer les crevettes et cuire à feu doux pendant 6 minutes.

g) Transférer les crevettes avec le poulet.

h) Cuire les linguines dans une casserole d'eau salée pendant 12 minutes.

i) Encore une fois, en utilisant la même poêle, faire frire le bacon jusqu'à ce qu'il soit cuit, environ 5 minutes.

j) Égouttez le bacon sur une serviette en papier et émiettez-le. Mettre de côté.

k) Faire revenir l'oignon, le poivron et les champignons dans la poêle avec la graisse de bacon pendant 5 minutes.

l) Mélanger la crème épaisse, le lait, le parmesan, les jaunes d'œufs, le sel et le poivre dans un bol.

m) Ajouter le vin à l'oignon, au poivron et aux champignons dans la casserole et porter à ébullition.

n) Cuire à feu doux pendant 5 minutes.

o) Incorporer le mélange de crème épaisse et laisser mijoter 5 minutes.

p) Remettre les crevettes et le poulet dans la poêle et napper de sauce.

q) Servir les crevettes et le poulet avec les pâtes.

31.   Macaronis fromage au homard

Portions : 2

Ingrédients

- 1 cuillères à soupe d'huile d'olive
- 3 queues de homard, coupées en deux dans le sens de la longueur et déveinées
- 3 cuillères à soupe de beurre
- 2 cuillères à soupe de farine
- 1 $\frac{1}{2}$ tasse moitié-moitié
- $\frac{1}{2}$ tasse de lait
- $\frac{1}{4}$ cuillères à café de paprika
- $\frac{1}{4}$ cuillères à café de piment en poudre
- Sel au goût
- $\frac{1}{4}$ cuillères à café de sauce Worcestershire
- $\frac{1}{2}$ tasse de fromage Cheddar râpé
- 3 cuillères à soupe de gruyère râpé
- 1 tasse de macaronis préparés
- $\frac{1}{2}$ tasse de chapelure Panko
- $\frac{1}{4}$ tasse de beurre fondu
- 5 cuillères à soupe de parmesan râpé

les directions

a) Préchauffer le four à 400 degrés.
b) Enduisez deux plats à gratin d'un spray antiadhésif
c) Faire chauffer l'huile dans une poêle et faire dorer les queues de homard pendant 2 minutes à feu moyen.
d) Laisser refroidir les homards et séparer la chair des carapaces.
e) Hacher la viande et jeter les carapaces.
f) Utilisez la même poêle pour faire fondre le beurre.

g) Créer un roux en incorporant la farine et continuer à remuer pendant 1 minute.

h) Verser la moitié-moitié et le lait et continuer à remuer pendant 3 minutes.

i) Laisser mijoter le liquide et ajouter le paprika, la poudre de chili, le sel et la sauce Worcestershire.

j) Laisser mijoter 4 minutes.

k) Ajouter les fromages cheddar et gruyère et remuer pendant 5 minutes, jusqu'à ce que le fromage soit fondu.

l) Ajouter les macaronis à la sauce au fromage et incorporer délicatement les morceaux de homard.

m) Garnir les deux plats à gratin avec le mélange de macaroni au fromage.

n) Mélanger le Panko, le beurre fondu et le parmesan dans un bol.

o) Verser le mélange sur le macaroni au fromage.

p) Cuire le macaroni au fromage pendant 15 minutes.

36.Pâtes au thon

SERVIT4

Ingrédients

- 2 cuillères à soupe d'huile d'olive

- 1 boîte (7 oz) de thon dans l'huile, égoutté

- 1 filet d'anchois

- 1/4 C. de persil plat frais coupé en dés

- 2 cuillères à soupe de câpres

- 1 paquet (12 oz) de spaghettis

- 3 gousses d'ail hachées

- 1 cuillères à soupe d'huile d'olive extra vierge, ou au goût

- 1/2 C. de vin blanc sec

- 1/4 C. Parmigiano-Reggiano fraîchement râpé

- 1/4 cuillères à café d'origan séché

- fromage, ou au goût

- 1 pincée de flocons de piment rouge, ou au goût

- 1 cuillères à soupe de persil plat frais coupé en dés, ou au goût 3 C. tomates italiennes (prunes) broyées

- sel et poivre noir moulu au goût

- 1 pincée de poivre de Cayenne, ou au goût

les directions

a) Faites sauter vos câpres et vos anchois dans l'huile d'olive pendant 4 minutes, puis ajoutez l'ail et continuez à faire frire le mélange pendant 2 minutes de plus.

b) Ajoutez maintenant les flocons de piment, le vin blanc et l'orange.

c) Remuez le mélange et augmentez le feu.

d) Laisser cuire le mélange pendant 5 minutes avant d'ajouter les tomates et de faire mijoter doucement le mélange.

e) Une fois que le mélange mijote, ajouter : poivre de Cayenne, poivre noir et sel.

f) Réglez le feu à doux et laissez tout cuire pendant 12 minutes.

g) Commencez maintenant à faire bouillir vos pâtes dans l'eau et le sel pendant 10 minutes puis retirez tous les liquides et laissez les nouilles dans la casserole.

h) Combinez les tomates mijotées avec les nouilles et placez un couvercle sur la casserole. Avec un faible niveau de chaleur, réchauffez le tout pendant 4 minutes.

i) Au moment de servir vos pâtes, ajoutez-y du Parmigiano-Reggiano, du persil et de l'huile d'olive.

37.Crevettes Scampi

Portions : 2

Ingrédients
- 1 lb de grosses crevettes décortiquées et déveinées
- $\frac{1}{2}$ cuillères à café d'ail en poudre
- $\frac{1}{2}$ cuillères à café d'assaisonnement Old Bay
- 8 onces. pâtes aux cheveux d'ange
- $\frac{1}{4}$ tasse de beurre
- 5 gousses d'ail hachées
- 3 cuillères à soupe de vin blanc
- 1 cuillères à soupe de jus de citron
- $\frac{1}{2}$ tasse moitié-moitié
- 3 cuillères à soupe de persil haché
- 1 cuillère à café de flocons de piment rouge

les directions
a) Placer les crevettes dans un bol et mélanger avec la poudre d'ail et l'assaisonnement Old Bay. Laisser reposer 10 minutes.
b) Cuire les cheveux d'ange dans une casserole d'eau salée pendant 5 minutes. Il doit être al dente. Videz l'eau.
c) Faire fondre le beurre dans une poêle.
d) Ajouter l'ail et faire revenir 1 minute
e) Incorporer les crevettes et faire revenir 2 minutes de chaque côté – pas plus.
f) Ajouter le beurre, le vin, le jus de citron et moitié-moitié et remuer pendant 2 minutes.
g) Placer les cheveux d'ange dans un bol et garnir avec les crevettes et la sauce.
h) Arroser de flocons de piment rouge et de persil haché avant de servir.

38.Pâtes penne classiques

SERVIT8

Ingrédients

- 1 paquet (16 oz) de pâtes penne
- 2 boîtes (14,5 oz) de tomates en dés
- 2 cuillères à soupe d'huile d'olive
- 1 lb de crevettes décortiquées et déveinées
- 1/4 C. oignon rouge coupé en dés
- 1 C. de parmesan râpé
- 1 cuillères à soupe d'ail coupé en dés
- 1/4 C. de vin blanc

les directions

a) Faites bouillir vos pâtes dans l'eau et le sel pendant 9 minutes puis retirez les liquides.

b) Maintenant, commencez à faire sauter votre ail et vos oignons dans l'huile jusqu'à ce que les oignons soient tendres.

c) Ajoutez ensuite les tomates et le vin.

d) Laisser mijoter le mélange pendant 12 minutes en remuant. Ajoutez ensuite les crevettes et faites cuire le tout pendant 6 minutes.

e) Ajoutez maintenant les pâtes et remuez le tout pour bien enrober les nouilles.

39.Sauce Linguine et Palourdes

Portions : 4

Ingrédients
- 16 onces. linguini
- 1 cuillères à soupe d'huile d'olive
- 1 oignon haché
- 5 gousses d'ail hachées
- $\frac{1}{2}$ tasse de beurre
- Sel et poivre au goût
- $\frac{1}{4}$ tasse de vin blanc sec
- $\frac{1}{4}$ tasse de jus de palourde
- 1 $\frac{1}{2}$ tasse de palourdes hachées
- 1 cuillère à café de flocons de piment rouge

les directions
a) Cuire les linguines dans une casserole d'eau salée pendant 10 minutes. Drainer.
b) Faites chauffer l'huile d'olive dans une poêle et faites revenir l'oignon et l'ail pendant 5 minutes.
c) Ajouter le beurre, le sel, le poivre, le vin et le jus de palourde.
d) Laisser mijoter pendant 25 minutes. La sauce doit être réduite et épaissie.
e) Incorporer les palourdes et laisser mijoter pendant 5 minutes.
f) Placer les linguini dans un bol et couvrir avec la sauce aux palourdes.
g) Servir garni de flocons de piment rouge.

PÂTES À LA VIANDE

40. sauce bolognaise

Portions. dix

Ingrédients
- 1 cuillères à soupe d'huile d'olive
- 3 onces. pancetta coupée
- 1 oignon haché
- 2 gousses d'ail hachées
- 1 tasse de champignons tranchés
- 2 carottes râpées
- 2 branches de céleri hachées
- 1 lb de boeuf haché
- $\frac{3}{4}$ lb de porc haché
- 28 onces. tomates concassées en conserve
- 6 onces. pâte de tomate
- $\frac{1}{2}$ tasse de vin blanc sec
- $\frac{3}{4}$ tasse de bouillon
- $\frac{1}{2}$ tasse de lait
- 1 cuillères à café d'assaisonnement italien ou au goût
- Sel et poivre au goût
- $\frac{1}{4}$ tasse de Pecorino Romano râpé
- 1 lb de pâtes préparées

les directions
a) Faire chauffer l'huile dans une grande poêle et faire revenir la pancetta, l'oignon et l'ail pendant 5 minutes.
b) Utilisez la poêle pour faire dorer les deux viandes pendant 5 minutes.
c) Égoutter toute graisse.
d) Remettre le mélange de pancetta dans la poêle et incorporer le bœuf et le porc.

e) Incorporer le reste des ingrédients et bien mélanger.
f) Couvrez la poêle et laissez mijoter pendant 1 heure en remuant fréquemment.
g) Servir sur les pâtes cuites.

41.Bœuf Stroganoff

Portions : 4

Ingrédients
- 1 ½ lb de boeuf haché
- 1 petit oignon
- 3 gousses d'ail hachées
- 1 tasse de champignons tranchés
- 1 boîte (10,5 oz) de crème de champignons condensée
- 1 (10,5 oz) de bouillon de bœuf
- 2 cuillères à café de sauce Worcestershire
- 2 cuillères à soupe de xérès
- 3 cuillères à soupe de mélange sec pour vinaigrette Ranch
- Sel et poivre au goût
- ½ tasse de crème sure – goûtez-la et ajoutez-en plus si vous le souhaitez
- 8 onces. nouilles aux oeufs cuites

les directions
a) Préparez les nouilles aux œufs dans de l'eau bouillante salée pendant 5 minutes et réservez.
b) Faire dorer le bœuf dans une grande poêle ou marmite pendant 5 minutes.
c) Incorporer l'oignon, l'ail et les champignons et faire revenir encore 5 minutes.
d) Égouttez toute graisse.
e) Verser la crème de champignons, le bouillon, la sauce Worcestershire, le xérès, la vinaigrette Ranch sèche et assaisonner de sel et de poivre.
f) Laisser mijoter pendant 20 minutes.
g) Incorporer la crème sure et laisser mijoter 5 minutes de plus.

h) Placer les nouilles aux œufs sur un plat et garnir avec le boeuf stroganoff.

42.Poêlée de boeuf en sauce

SERVIT6

Ingrédients

- 500 g de boeuf haché
- 1 cuillères à soupe de bouillon de bœuf, séché instantanément
- 4 cuillères à soupe d'huile d'olive
- 2 feuilles de laurier
- 1 oignon, finement haché
- Sauce Worcestershire, trait
- 2 gousses d'ail, pelées et écrasées
- 1 cuillères à café de piment de la Jamaïque
- 1 cuillères à café de cannelle
- 1 cuillère à café de paprika
- 130 g de concentré de tomate
- 500 g de sauce pour pâtes

les directions

a) Placer une grande casserole sur feu vif. Y faire chauffer l'huile. Ajouter l'oignon, l'ail, le bœuf et les épices puis les faire cuire 6 min.

b) Incorporer la sauce tomate et pâtes, le paprika, le bouillon de boeuf, les feuilles de laurier, le sel et le poivre puis cuire 30 min à feu doux en remuant souvent.

c) Servez votre bœuf en sauce tiède avec des pâtes.

43.Lasagne Classique

SERVIT8

Ingrédients

- 1 1/2 lb boeuf haché maigre

- 2 œufs, battus

- 1 oignon, coupé en dés

- 1 pinte de fromage ricotta partiellement écrémé

- 2 gousses d'ail, hachées

- 1/2 C. de parmesan râpé

- 1 cuillères à soupe de basilic frais coupé en dés

- 2 cuillères à soupe de persil séché

- 1 cuillères à café d'origan séché

- 1 cuillères à café de sel

- 2 cuillères à soupe de cassonade

- 1 lb de fromage mozzarella, râpé

- 1 1/2 cuillères à café de sel

- 2 cuillères à soupe de parmesan râpé

- 1 (29 oz.) boîte de tomates en dés

- 2 boîtes (6 oz) de pâte de tomate

- 12 pâtes à lasagne sèches

les directions

a) Faites sauter votre ail, vos oignons et votre bœuf pendant 3 minutes, puis mélangez la pâte de tomate, le basilic, les tomates en dés, l'origan, 1,5 cuillère à café de sel et la cassonade.

b) Maintenant, réglez votre four à 375 degrés avant de faire quoi que ce soit d'autre.

c) Commencez à faire bouillir vos pâtes dans l'eau et le sel pendant 9 minutes puis retirez tous les liquides.

d) Prenez un bol, mélangez 1 cuillère à café de sel, les œufs, le persil, la ricotta et le parmesan.

e) Placer un tiers des pâtes dans une cocotte et recouvrir le tout avec la moitié du mélange de fromages, un tiers de la sauce et la moitié de la mozzarella.

f) Continuez à superposer de cette manière jusqu'à ce que tous les ingrédients aient été utilisés.

g) Recouvrir ensuite le tout d'un peu de parmesan.

h) Cuire les lasagnes au four pendant 35 minutes.

44.Salade de fusilli sauce au cheddar

Ingrédients

- 2 cuillères à soupe d'huile d'olive
- 6 oignons verts, hachés
- 1 cuillères à café de sel
- 3/4 C. de piments jalapeno marinés hachés
- 1 paquet (16 oz) de pâtes fusilli
- 1 (2,25 oz.) peut trancher des olives noires
- 2 lb de bœuf haché extra-maigre
- (optionnel)
- 1 paquet (1,25 oz) de mélange d'assaisonnements pour tacos
- 1 paquet (8 oz) de cheddar râpé
- 1 pot (24 oz) de salsa douce
- fromage
- 1 bouteille (8 oz) de vinaigrette ranch
- 1 1/2 poivrons rouges, hachés

les directions

a) 1. Placer une grande casserole à feu moyen. Remplissez-le d'eau et versez-y l'huile d'olive avec du sel.

b) Faites-le cuire jusqu'à ce qu'il commence à bouillir.

c) 2. Ajouter les pâtes et faire bouillir pendant 10 min. Retirez-le de l'eau et mettez-le de côté pour l'égoutter.

d) 3. Placer une grande casserole à feu moyen. Y faire revenir le bœuf 12 min. Jeter l'excédent de graisse.

e) 4. Ajouter l'assaisonnement pour tacos et bien mélanger. Mettez le mélange de côté pour perdre complètement la chaleur.

f) 5. Obtenez un grand bol à mélanger : mélangez-y la salsa, la vinaigrette ranch, les poivrons, les oignons verts, les jalapenos et les olives noires.

g) 6. Ajouter les pâtes avec le bœuf cuit, le fromage cheddar et le mélange de vinaigrette. Remuez-les bien. Placez un morceau de film plastique sur le saladier. Placez-le au réfrigérateur pendant 1 h 15 min.

45.Penne au boeuf au four

Ingrédient

- 1 paquet (12 onces) de pâtes penne de blé entier
- 1 livre de bœuf haché maigre (maigre à 90 %)
- 2 courgettes moyennes, hachées finement
- 1 gros poivron vert, haché finement
- 1 petit oignon, haché finement
- 1 pot (24 onces) de sauce à spaghetti
- 1 1/2 tasse de sauce Alfredo allégée
- 1 tasse de fromage mozzarella partiellement écrémé râpé, divisé
- 1/4 cuillère à café d'ail en poudre
- Persil frais haché, facultatif

les directions

a) Cuire les penne selon les instructions sur l'emballage. Entre-temps, dans un faitout, cuire le bœuf, les courgettes, le poivron et l'oignon à feu moyen jusqu'à ce que la viande ne soit plus rose, en la cassant en miettes; drainer. Incorporer la sauce à spaghetti, la sauce Alfredo, 1/2 tasse de fromage mozzarella et la poudre d'ail. Égoutter les pennes; incorporer au mélange de viande.

b) Transfert vers un 13x9 pouces. plat allant au four vaporisé d'un enduit à cuisson. Couvrir et cuire à 375° pendant 20 minutes. Saupoudrer du reste de fromage mozzarella. Cuire, à découvert, 3 à 5 minutes de plus ou jusqu'à ce que le fromage soit fondu. Si désiré, garnir de persil.

46.Chili Mac Casserole

Ingrédient

- 1 tasse de macaronis au coude non cuits
- 2 livres de bœuf haché maigre (maigre à 90 %)
- 1 oignon moyen, haché
- 2 gousses d'ail, hachées
- 1 boîte (28 onces) de tomates en dés, non égouttées
- 1 boîte (16 onces) de haricots rouges, rincés et égouttés
- 1 boîte (6 onces) de pâte de tomate
- 1 boîte (4 onces) de piments verts hachés
- 1-1/4 cuillères à café de sel
- 1 cuillère à café de piment en poudre
- 1/2 cuillère à café de cumin moulu
- 1/2 cuillère à café de poivre
- 2 tasses de mélange de fromages mexicains à faible teneur en matières grasses râpés
- Oignons verts finement tranchés, facultatif

les directions

a) Cuire les macaronis selon les instructions sur l'emballage. Entre-temps, dans une grande poêle antiadhésive, cuire le boeuf, l'oignon et l'ail à feu moyen jusqu'à ce que la viande ne soit plus rose, en la cassant en miettes; drainer. Incorporer les tomates, les haricots, la pâte de tomate, les piments et les assaisonnements. Égouttez les macaronis; ajouter au mélange de boeuf.

b) Transfert vers un 13x9 pouces. plat allant au four vaporisé d'un enduit à cuisson. Couvrir et cuire à 375° jusqu'à ce que bouillonnant, 25-30 minutes. Dévoiler; saupoudrer de fromage. Cuire au four jusqu'à ce que le fromage soit fondu,

5 à 8 minutes de plus. Si désiré, garnir d'oignons verts tranchés.

47.Mostaccioli aux boulettes de viande aux trois fromages

Ingrédient

- 1 paquet (16 onces) de mostaccioli
- 2 gros œufs, légèrement battus
- 1 carton (15 onces) de fromage ricotta partiellement écrémé
- 1 livre de boeuf haché
- 1 oignon moyen, haché
- 1 cuillère à soupe de cassonade
- 1 cuillère à soupe d'assaisonnement italien
- 1 cuillère à café d'ail en poudre
- 1/4 cuillère à café de poivre
- 2 pots (24 onces chacun) de sauce pour pâtes avec de la viande
- 1/2 tasse de fromage romano râpé
- 1 paquet (12 onces) de boulettes de viande italiennes entièrement cuites surgelées, décongelées
- 3/4 tasse de parmesan râpé
- Persil frais haché ou bébé roquette fraîche, facultatif

les directions

a) Préchauffer le four à 350°. Cuire les mostaccioli selon les instructions sur l'emballage pour une cuisson al dente; drainer. Entre-temps, dans un petit bol, mélanger les œufs et le fromage ricotta.

b) Dans un 6 pintes. marmite, faire cuire le bœuf et l'oignon 6 à 8 minutes ou jusqu'à ce que le bœuf ne soit plus rose, en émiettant le bœuf; drainer. Incorporer la cassonade et les assaisonnements. Ajouter la sauce pour pâtes et les mostaccioli; mélanger pour combiner.

c) Transférer la moitié du mélange de pâtes dans un moule graissé de 13 x 9 po. plat de cuisson. Couche avec le mélange de ricotta et le reste du mélange de pâtes; saupoudrer de fromage Romano. Garnir de boulettes de viande et de parmesan.

d) Cuire, à découvert, de 35 à 40 minutes ou jusqu'à ce que le tout soit bien chaud. Si désiré, garnir de persil.

48.Ziti au four

Portions : 10

Ingrédients
- 1 lb de pâtes ziti
- 1 cuillères à soupe d'huile d'olive
- 1 lb de boeuf haché
- Sel et poivre au goût
- $\frac{1}{2}$ cuillères à café de sel d'ail
- $\frac{1}{2}$ cuillères à café d'ail en poudre
- 1 oignon haché
- 6 tasses de sauce tomate
- $\frac{1}{2}$ cuillères à café d'origan
- $\frac{1}{2}$ cuillères à café de basilic
- 1 tasse de fromage ricotta
- 1 œuf battu
- 1 tasse. fromage mozzarella râpé
- $\frac{1}{4}$ tasse de pecorino râpé

les directions
a) Faire bouillir le ziti dans une casserole d'eau salée pendant 10 minutes. Videz l'eau.
b) Faire chauffer l'huile d'olive dans une marmite.
c) Assaisonner le boeuf avec du sel, du poivre, du sel d'ail et de la poudre d'ail.
d) Faire revenir la viande et l'oignon dans la cocotte pendant 5 minutes.
e) Verser la sauce tomate et assaisonner d'origan et de basilic.
f) Laisser mijoter pendant 25 minutes.
g) Préchauffer le four à 350 degrés.
h) Fouetter l'œuf et la ricotta ensemble.
i) Saupoudrer de fromage pecorino.

j) Transférer la moitié des pâtes et la moitié de la sauce dans un plat allant au four.
k) Ajouter la moitié du fromage ricotta.
l) Garnir de la moitié du fromage mozzarella.
m) Créez une autre couche de pâtes, de sauce et de mozzarella.
n) Cuire au four pendant 25 minutes. Les fromages doivent être mousseux.

49.Spaghettis faciles

Portions : 4

Ingrédients
- 12 onces. spaghetti
- 1 cuillères à soupe d'huile d'olive
- 1 lb de boeuf haché
- 1 oignon haché
- 3 gousses d'ail hachées
- Sel et poivre au goût
- 1 cuillères à café de sucre
- $\frac{1}{4}$ cuillères à café de curcuma
- 2 cuillères à soupe de concentré de tomate
- 2 tasses de sauce tomate
- 1 cuillères à café d'assaisonnement italien

les directions
a) Cuire les pâtes dans une casserole d'eau bouillante salée pendant 10 minutes. Égoutter et réserver.
b) Faire chauffer l'huile d'olive dans une grande poêle.
c) Faire revenir l'oignon et l'ail pendant 5 minutes.
d) Incorporer le bœuf haché, le sel, le poivre et le curcuma et bien mélanger.
e) Ajouter la pâte de tomate, la sauce tomate et l'assaisonnement italien.
f) Laisser mijoter 45 minutes.
g) Ajouter les spaghettis et mélanger avec la sauce.

50. Goulache hongrois

Portions : 6

Ingrédients
- 1 cuillères à soupe d'huile d'olive
- 2 livres. Le bœuf haché
- 2 oignons hachés
- 3 gousses d'ail hachées
- 1 ½ cuillères à soupe de paprika doux
- Sel et poivre au goût
- 2 cuillères à soupe de sauce Worcestershire
- 2 tasses de tomates en dés en conserve avec jus
- ¾ tasse de vin rouge
- 1 cuillères à café de sucre
- ½ cuillères à café de piment en poudre
- ¾ tasse de bouillon de bœuf
- 2 tasses de nouilles aux œufs cuites

les directions
a) Faire chauffer l'huile d'olive dans une poêle.
b) Faire revenir le bœuf, l'oignon et l'ail pendant 5 minutes.
c) Incorporer le paprika, le poivre et le sel.
d) Ajouter la sauce Worcestershire, les tomates en dés avec leur jus, le vin rouge, le sucre, la poudre de chili et le bouillon de bœuf.
e) Bien mélanger et porter le liquide à ébullition.
f) Laisser mijoter à découvert pendant 35 minutes.
g) Vérifiez l'épaisseur désirée et ajoutez plus de liquide si nécessaire.
h) Servir sur les nouilles aux œufs.

PÂTES AUX LÉGUMES

51.Lasagnes aux épinards

Portions : 8

Ingrédients
- 1 cuillères à soupe d'huile d'olive
- 10 oz. épinards surgelés hachés
- 1 petit oignon haché
- 1 tasse de champignons tranchés
- $\frac{1}{4}$ tasse de parmesan râpé
- 3 gousses d'ail hachées
- $\frac{3}{4}$ cuillères à café d'assaisonnement italien
- 12 onces. fromage mozzarella râpé
- 4 tasses de sauce marinara
- 2 tasses de fromage ricotta
- 2 oeufs battus
- Sel et poivre au goût
- 10 oz. nouilles à lasagnes cuites

les directions
a) Préchauffer le four à 350 degrés.
b) Faire chauffer l'huile d'olive dans une grande marmite.
c) Faire sauter les épinards, l'oignon, les champignons, l'ail et l'assaisonnement italien pendant 5 minutes.
d) Couvrir de sauce marinara et laisser mijoter 30 minutes.
e) Mélangez la ricotta, la mozzarella, le parmesan et les œufs dans un bol.
f) Assaisonnez avec du sel et du poivre.
g) Verser 1 tasse de sauce au fond d'un plat à lasagne.
h) Garnir de 4 nouilles, de la moitié du fromage restant et de la moitié de la sauce.

i) Répéter la stratification et terminer par la sauce.
j) Couvrez le moule d'aluminium et enfournez pour 55 minutes.
k) Retirer l'aluminium et cuire 15 minutes de plus.

52.Cuisson Provolone Ziti

Ingrédient

- 1 cuillère à soupe d'huile d'olive
- 1 oignon moyen, haché
- 3 gousses d'ail, hachées
- 2 boîtes (28 onces chacune) de tomates concassées italiennes
- 1-1/2 tasse d'eau
- 1/2 tasse de vin rouge sec ou de bouillon à faible teneur en sodium
- 1 cuillère à soupe de sucre
- 1 cuillère à café de basilic séché
- 1 paquet (16 onces) de ziti ou de petites pâtes en tube
- 8 tranches de fromage provolone

les directions

a) Préchauffer le four à 350°. Dans un 6 pintes. marmite, chauffer l'huile à feu moyen-vif. Ajouter l'oignon; cuire et remuer 2-3 minutes ou jusqu'à tendreté. Ajouter l'ail; cuire 1 minute de plus. Incorporer les tomates, l'eau, le vin, le sucre et le basilic. Porter à ébullition; retirer du feu. Incorporer le ziti non cuit.

b) Transfert vers un 13x9 pouces. plat allant au four vaporisé d'un enduit à cuisson. Cuire, couvert, 1 heure. Garnir de fromage. Cuire, à découvert, 5 à 10 minutes de plus ou jusqu'à ce que le ziti soit tendre et que le fromage soit fondu.

53.Lasagne à la ratatouille

POUR 8 À 10 PERSONNES

Ingrédients
- Pâte aux oeufs

- Huile d'olive vierge extra

- 3 gousses d'ail, hachées

- 1 tasse (237 ml) de vin rouge

- 2 canettes (794 g [28 oz]) écrasées

- tomates

- 1 bouquet de basilic

- Sel casher

- Poivre noir fraichement moulu

- Huile d'olive

- 1 aubergine, pelée et coupée en petits dés

- 1 courgette verte, coupée en petits dés

- 1 courge d'été, coupée en petits dés

- 2 tomates, coupées en petits dés

- 4 gousses d'ail, tranchées

- 1 oignon rouge, tranché finement

- Sel casher

- Poivre noir fraichement moulu

- 3 tasses (390 g) de mozzarella râpée

les directions

a) Préchauffer le four à 350°F (177°C) et porter à ébullition une grande casserole d'eau salée.

b) Saupoudrez deux plaques de cuisson de farine de semoule. Pour faire les pâtes, abaisser la pâte jusqu'à ce que la feuille ait environ 1/16 de pouce (1,6 mm) d'épaisseur.

c) Coupez les feuilles déroulées en sections de 12 pouces (30 cm) et placez-les sur des plaques jusqu'à ce que vous ayez environ 20 feuilles. En travaillant par lots, déposer les feuilles dans l'eau bouillante et cuire jusqu'à ce qu'elles soient à peine pliables, environ 1 minute. Placer sur du papier absorbant et éponger.

d) Pour faire la sauce, dans une casserole à feu moyen, ajouter l'huile d'olive extra vierge, l'ail et faire revenir environ une minute ou jusqu'à ce qu'il soit translucide. Ajouter le vin rouge et laisser réduire de moitié. Ajouter ensuite les tomates concassées, le basilic, saler et poivrer. Laisser mijoter à feu doux environ 30 minutes.

e) Pour faire la garniture, dans une grande sauteuse à feu vif, ajouter un filet d'huile d'olive, l'aubergine, la courgette, la courge, les tomates, l'ail et l'oignon rouge. Assaisonner de sel et de poivre noir fraîchement moulu.

f) Pour assembler, déposer la sauce au fond d'un plat allant au four de 9 × 13 pouces (22,9 × 33 cm). Déposez les feuilles de pâte vers le bas en les superposant légèrement, en recouvrant le fond du plat. Ajouter la ratatouille uniformément sur les feuilles de pâtes et saupoudrer de mozzarella sur le dessus. Ajoutez la couche suivante de feuilles de pâtes dans les directions opposées et répétez ces couches jusqu'à ce que vous atteigniez le sommet ou que toute la garniture ait été utilisée. Verser un peu de sauce uniformément sur la feuille du dessus et saupoudrer de mozzarella.

g) Mettre les lasagnes au four et cuire environ 45 minutes à 1 heure. Laisser refroidir environ 10 minutes avant de couper et de servir.

54.Cannellonis d'aubergines

POUR 6 À 8 PERSONNES

Ingrédients
- Pâte aux oeufs

- Huile d'olive

- 3 gousses d'ail, hachées

- 1 tasse (237 ml) de vin rouge

- 2 boîtes de 28 oz [794 g]) de tomates concassées

- 1 bouquet de basilic

- Sel casher

- Poivre noir fraichement moulu

- Huile d'olive

- 1 aubergine, pelée et coupée en petits dés

- 4 gousses d'ail, tranchées

- 3 brins de romarin, hachés

- 4 tasses (908 g) de fromage ricotta

- 1 tasse (130 g) de mozzarella râpée

- Sel casher

- Poivre noir fraichement moulu

les directions
a) Préchauffer le four à 350°F (177°C) et porter à ébullition une grande casserole d'eau salée.

b) Saupoudrez deux plaques de cuisson de farine de semoule. Pour faire les pâtes, abaisser la pâte jusqu'à ce que la feuille ait environ 1/16 de pouce (1,6 mm) d'épaisseur.

c) Coupez les feuilles déroulées en sections de 6 pouces (15 cm) et placez-les sur les plaques jusqu'à ce que vous ayez environ 20 feuilles. En travaillant par lots, déposer les feuilles dans l'eau bouillante et cuire jusqu'à ce qu'elles soient à peine pliables, environ 1 minute. Placer sur du papier absorbant et éponger.

d) Pour faire la garniture, dans une grande sauteuse à feu vif, ajouter un filet d'huile d'olive, l'aubergine, l'ail et le romarin et cuire jusqu'à tendreté, environ 4 à 5 minutes. Laisser refroidir et mélanger dans un bol avec la ricotta et la mozzarella. Assaisonner de sel et de poivre noir fraîchement moulu.

e) Pour assembler, déposer la sauce au fond d'un plat allant au four de 9 × 13 pouces (22,9 × 33 cm). Avec la feuille de pâte dans le sens de la longueur, déposer environ 3 cuillères à soupe (45 g) de garniture duvet sur le bord le plus proche de vous. Roulez délicatement les pâtes loin de vous, en enveloppant la garniture. Disposez les cannellonis farcis en une seule couche dans le plat allant au four. Ajouter un peu de sauce sur les cannellonis et saupoudrer de mozzarella râpée.

f) Mettre les cannellonis au four et cuire environ 45 minutes.

55.Sauce pour pâtes aux artichauts et aux épinards

Portions : 8

Ingrédients

- 1/2 (13,5 onces) peut épinards hachés

- 1 pot (16 onces) de sauce alfredo

- 1 boîte (14 onces) de cœurs d'artichauts, égouttés et hachés

- 1/2 tasse de fromage mozzarella râpé

- 1/3 tasse de parmesan râpé

- 1/4 (8 onces) paquet de fromage à la crème, ramolli

- 2 gousses d'ail, hachées

- 1 tomate Roma, coupée en dés

- 1/2 tasse d'eau

les directions

a) Couper les épinards en dés dans un robot culinaire.

b) Fouetter les épinards, la sauce Alfredo, les cœurs d'artichauts, la mozzarella, le parmesan, le fromage à la crème, l'ail et la tomate dans une casserole.

56.Mezzaluna d'aubergines et tomates confites

POUR 4 À 6 PERSONNES

Ingrédients

- Huile d'olive

- 2 aubergines, pelées et coupées en dés

- 3 gousses d'ail, hachées

- 1 oignon, coupé en dés

- Sel casher

- Poivre noir fraichement moulu

- $\frac{1}{4}$ tasse (45 g) Parmigiano Reggiano

- 1 tasse (130 g) de mozzarella râpée

- 4 tomates italiennes

- Huile d'olive

- 3 brins de romarin

- 3 branches de thym

- 1 gousse d'ail, tranchée finement

- $\frac{1}{2}$ cuillères à café de sucre

- Sel casher

- Poivre noir fraichement moulu

- Pâte à Raviolis

- 2 tasses (50 g) de basilic

- $\frac{1}{2}$ tasse (90 g) de Parmigiano-Reggiano râpé

- 2 gousses d'ail

- $\frac{1}{4}$ tasse (32 g) de noix de pignoli

- Sel casher

- Poivre noir fraîchement moulu

- $\frac{2}{3}$ tasse (160 ml) d'huile d'olive

les directions

a) Préchauffer le four à 325°F (163°C).

b) Dans une grande sauteuse, à feu moyen-vif, ajouter un filet d'huile d'olive, l'aubergine, l'ail, l'oignon, le sel et le poivre noir fraîchement moulu. Cuire jusqu'à ce que l'aubergine soit tendre, environ 8 minutes. Retirer du feu et laisser refroidir. Dans un bol, mélanger les aubergines cuites, le Parmigiano-Reggiano et la mozzarella.

c) Pour faire le confit de tomates, couper les tomates en deux dans le sens de la longueur et retirer les pépins. Sur une plaque de cuisson, versez un filet d'huile d'olive et placez les tomates côté coupé vers le bas avec le romarin, le thym et l'ail. Assaisonnez avec du sucre, du sel et du poivre noir fraîchement moulu. Cuire au four jusqu'à ce qu'ils soient ratatinés et rouge foncé, environ 45 minutes.

d) Saupoudrez deux plaques de cuisson de farine de semoule. Pour faire les pâtes, étalez la pâte jusqu'à ce que la feuille soit juste translucide.

e) Couper les feuilles déroulées en sections de 12 pouces (30 cm) et couvrir le reste d'une pellicule plastique. Posez les feuilles sur une surface de travail sèche et à l'aide d'un emporte-pièce rond de 3 pouces (7,5 cm), découpez des cercles dans la feuille.

f) À l'aide d'une poche à douille ou d'une cuillère, placer la garniture au milieu du cercle de pâtes, en laissant environ $\frac{1}{4}$ de pouce (6 mm) sur les côtés. Pour sceller, repliez le cercle pour créer une forme de demi-lune et utilisez une fourchette pour appuyer le long des bords pour sceller.

g) Utilisez un jet d'eau pour aider à le sceller si nécessaire. Déposer délicatement la mezzaluna sur les plaques saupoudrées de semoule, espacées.

h) Pour faire le pesto, dans un robot culinaire, ajouter le basilic, le Parmigiano-Reggiano râpé, l'ail, les noix de pignoli, le sel kasher et le poivre noir fraîchement moulu. Verser lentement l'huile d'olive et mélanger jusqu'à ce qu'elle soit réduite en purée.

i) Porter à ébullition une grande casserole d'eau salée. Déposer délicatement les pâtes dans l'eau bouillante et cuire jusqu'à ce qu'elles soient al dente, environ 2 à 3 minutes.

j) Dans une sauteuse à feu doux, ajouter un filet d'huile d'olive et la tomate confite. Ajouter les pâtes dans la poêle et secouer doucement la poêle pour mélanger avec les tomates.

57.Pâtes adultes tomates-parmesan

PORTIONS : 2

Ingrédients

- 3 cuillères à soupe d'huile d'olive extra vierge

- 1 gousse d'ail, écrasée

- 2 cuillères à café de romarin frais haché

- Flocons de piment rouge broyés

- 3 cuillères à soupe de pâte de tomate

- $\frac{3}{4}$ tasse d'anelli, de ditalini ou d'autres pâtes courtes et tubulaires

- Sel casher et poivre fraîchement moulu

- ⅓ tasse de parmesan râpé

- Feuilles de basilic frais, pour la garniture

les directions

a) Dans une casserole moyenne, mélanger l'huile d'olive et l'ail à feu moyen-doux. Cuire, en remuant de temps en temps, jusqu'à ce que l'ail soit parfumé, environ 2 minutes. Ajouter le romarin et une pincée de flocons de piment rouge et cuire jusqu'à ce qu'ils soient grillés et parfumés, environ 1 minute de plus.

b) Retirer la casserole du feu. Incorporer la pâte de tomate, puis ajouter $2\frac{1}{2}$ tasses d'eau. Remettre la casserole à feu vif et porter à ébullition. Ajouter les pâtes et assaisonner généreusement de sel. Cuire, en remuant souvent, jusqu'à ce que les pâtes soient al dente, environ 12 minutes.

c) Retirer à nouveau la casserole du feu et incorporer le parmesan. Goûtez et ajoutez plus de sel et de poivre au besoin.

d) Répartir les pâtes dans deux bols et garnir de basilic frais. Sers immédiatement. Conservez les restes au réfrigérateur dans un récipient hermétique jusqu'à 3 jours.

58.Lasagne au potiron et à la sauge avec fontina

PORTIONS : 8 À 10

Ingrédients

- 2 cuillères à café d'huile d'olive extra vierge, plus plus pour le graissage

- 1 boîte (14 onces) de purée de citrouille

- 2 tasses de lait entier

- 2 cuillères à café d'origan séché

- 2 cuillères à café de basilic séché

- $\frac{1}{4}$ cuillère à café de noix de muscade fraîchement râpée

- $\frac{1}{4}$ cuillère à café de flocons de piment rouge broyés

- Sel casher et poivre fraîchement moulu

- 16 onces de fromage ricotta au lait entier

- 2 gousses d'ail, râpées

- 1 cuillère à soupe de feuilles de sauge fraîches hachées, plus 8 feuilles entières

- 2 cuillères à soupe de persil frais haché

- 1 boîte (12 onces) de nouilles à lasagne sans ébullition

- 1 pot (12 onces) de poivrons rouges rôtis, égouttés et hachés

- 3 tasses de fromage fontina râpé

- 1 tasse de parmesan râpé

- 12 à 16 morceaux de pepperoni finement tranchés (facultatif)

les directions

a) Préchauffer le four à 375°F. Graisser un plat de cuisson de 9 × 13 pouces.

b) Dans un bol moyen, fouetter ensemble la citrouille, le lait, l'origan, le basilic, la muscade, les flocons de piment rouge et une pincée de sel et de poivre. Dans un autre bol moyen, mélanger la ricotta, l'ail, la sauge hachée et le persil et assaisonner avec du sel et du poivre.

c) Étendre un quart de la sauce à la citrouille (environ 1 tasse) au fond du plat de cuisson préparé. Ajouter 3 ou 4 feuilles de lasagne, en les cassant au besoin pour les ajuster. Ce n'est pas grave si les feuilles ne couvrent pas entièrement la sauce. Couche sur la moitié du mélange de ricotta, la moitié des poivrons rouges, puis 1 tasse de fontina. Ajoutez un autre quart de la sauce à la citrouille et placez 3 ou 4 pâtes à lasagne sur le dessus. Couche sur le reste du mélange de ricotta, les poivrons rouges restants, 1 tasse de fontina, puis un autre quart de la sauce à la citrouille. Ajouter les nouilles à lasagne restantes et la sauce à la citrouille restante. Saupoudrer la tasse restante de fontina sur le dessus, puis le parmesan. Garnir avec le pepperoni (si utilisé)

d) Dans un petit bol, mélanger les feuilles de sauge entières dans les 2 cuillères à café d'huile d'olive. Disposer sur le dessus des lasagnes.

e) Couvrir les lasagnes de papier d'aluminium et enfourner pour 45 minutes. Augmentez le feu à 425 °F, retirez le papier d'aluminium et faites cuire jusqu'à ce que le fromage bouillonne, environ 10 minutes de plus. Laisser reposer les lasagnes 10 minutes. Servir. Conservez les restes au réfrigérateur dans un récipient hermétique jusqu'à 3 jours.

59.Salade de feta et d'orzo à la menthe

SERVIT8

Ingrédients

- 1 1/4 C. pâtes orzo

- 1 petit oignon rouge, coupé en dés

- 6 cuillères à soupe d'huile d'olive, divisée

- 1/2 C. feuilles de menthe fraîche finement hachées

- 3/4 C. lentilles brunes séchées, rincées

- 1/2 C. aneth frais haché

- sel et poivre au goût

- 1/3 C. de vinaigre de vin rouge

- 3 gousses d'ail, hachées

- 1/2 C. olives Kalamata, dénoyautées et hachées

- 1 1/2 C. fromage feta émietté

les directions

a) Cuire les pâtes selon les indications sur le paquet.

b) Porter à ébullition une grande casserole d'eau salée. Faites-y cuire les lentilles jusqu'à ce qu'elles commencent à bouillir.

c) Baisser le feu et mettre sur le couvercle. Cuire les lentilles pendant 22 min. Retirez-les de l'eau.

d) Procurez-vous un petit bol à mélanger : mélangez-y l'huile d'olive, le vinaigre et l'ail. Fouettez-les bien pour faire la vinaigrette.

e) Obtenez un grand bol à mélanger : mélangez-y les lentilles, la vinaigrette, les olives, le fromage feta, l'oignon rouge, la menthe et l'aneth, avec du sel et du poivre.

f) Enveloppez d'un film plastique le saladier et placez-le au réfrigérateur pendant 2 h 30 min. Rectifiez l'assaisonnement de la salade puis servez-la.

60.Pâtes fraîches au citron

SERVIT8

Ingrédients

- 1 paquet (16 oz) de pâtes rotini tricolores
- 1 pincée de sel et de poivre noir moulu pour
- 2 tomates, épépinées et coupées en dés
- goût
- 2 concombres - pelés, épépinés et
- 1 avocat, coupé en dés
- en dés
- 1 jus de citron pressé
- 1 (4 oz.) peut trancher des olives noires
- 1/2 C. vinaigrette italienne, ou plus au goût
- 1/2 C. de parmesan râpé

les directions

a) Cuire les pâtes selon les indications sur le paquet.

b) Prenez un grand bol à mélanger : mélangez-y les pâtes, les tomates, les concombres, les olives, la vinaigrette italienne, le parmesan, le sel et le poivre. Remuez-les bien.

c) Placer les pâtes au réfrigérateur pendant 1 h 15 min.

d) Procurez-vous un petit bol à mélanger : versez-y le jus de citron avec l'avocat. Mélangez l'avocat avec la salade de pâtes puis servez-le.

e) Prendre plaisir.

61.Tortellini Salade en pot

SERVIT2

Ingrédients

- 1 paquet (9 oz) d'épinards et de fromage
- 1 bocal de conserve de tortellini
- sel et poivre noir moulu au goût
- 1 pot (4 oz) de pesto
- 1/4 C. concombre anglais coupé en deux, épépiné et tranché
- 1/4 C. tomates cerises coupées en deux
- 1/4 C. morceaux d'oignon rouge de la taille d'une allumette
- 1/2 C. maché haché

les directions

a) Cuire les pâtes selon les indications sur le paquet.

b) Étalez le pesto dans le bocal puis garnissez-le de concombres, tomates, oignons, tortellini et mache. Assaisonnez-les avec un peu de sel et de poivre.

c) Servez votre salade tout de suite ou réfrigérez-la jusqu'à ce que vous soyez prêt à la servir.

62.Salade de pâtes aux linguines romano

SERVIT6

Ingrédients

- 1 paquet (8 oz) de pâtes linguine
- 1/2 cuillères à café de flocons de piment rouge
- 1 sac (12 oz) de bouquets de brocoli, coupés en bouchées
- 1/4 cuillères à café de poivre noir moulu
- sel au goût
- 1/4 C. d'huile d'olive
- 4 cuillères à café d'ail haché
- 1/2 C. fromage romano finement râpé
- 2 cuillères à soupe de persil plat frais haché finement

les directions

a) Cuire les pâtes selon les indications sur le paquet.

b) Porter une casserole d'eau à ébullition. Placez un cuiseur vapeur dessus. Y faire cuire à la vapeur le brocoli avec le couvercle pendant 6 min

c) Placer une casserole à feu moyen. Y faire chauffer l'huile. Y faire revenir l'ail avec les flocons de piment pendant 2 min.

d) Prenez un grand bol à mélanger : transférez-y le mélange d'ail sauté avec les pâtes, le brocoli, le fromage Romano, le persil, le poivre noir et le sel. Mélangez-les bien.

e) Rectifier l'assaisonnement de la salade. Servez-le tout de suite.

f) Prendre plaisir.

63.Végétalien Rigatoni Basilic

SERVIT6

INGRÉDIENTS

- 1 1/2 (8 oz) paquets de pâtes rigatoni
- 6 feuilles de basilic frais, finement tranchées
- 2 cuillères à soupe d'huile d'olive
- 6 brins de coriandre fraîche, hachés
- 2 gousses d'ail, hachées
- 1/4 C. d'huile d'olive
- 1/2 paquet (16 oz) de tofu, égoutté et coupé en cubes
- 1/2 cuillères à café de thym séché
- 1 1/2 cuillères à café de sauce soja
- 1 petit oignon, tranché finement
- 1 grosse tomate, en cubes
- 1 carotte, râpée

les directions

a) Cuire les pâtes selon les indications sur le paquet.

b) Placer une grande casserole à feu moyen. Faites-y chauffer 2 cuillères à soupe d'huile d'olive. Ajouter l'ail et le faire cuire 1 min 30 sec.

c) Incorporer le thym avec le tofu. Faites-les cuire 9 min. Incorporer la sauce soja et éteindre le feu.

d) Prenez un grand bol à mélanger : versez-y les rigatoni, le mélange de tofu, l'oignon, la tomate, la carotte, le basilic et la coriandre. Verser l'huile d'olive sur la salade de pâtes puis servir.

64.Salade de pâtes BLT

Portions : 6

Ingrédients
- 2 tasses de macaronis coudés
- 1 $\frac{1}{4}$ tasse de mayonnaise
- 2 cuillères à soupe de vinaigre balsamique
- 1 tasse de tomates cerises coupées en deux
- $\frac{1}{4}$ tasse de poivron rouge haché
- 3 cuillères à soupe d'oignons verts hachés
- $\frac{1}{2}$ tasse de fromage cheddar râpé
- Sel et poivre au goût
- $\frac{1}{2}$ cuillères à café d'aneth
- 10 tranches de bacon
- 8 onces. laitue romaine hachée

les directions
a) Cuire les macaronis dans une casserole d'eau salée pendant 10 minutes. Égoutter et transférer dans un saladier.

b) Ajouter la mayonnaise, le vinaigre balsamique, les tomates, le poivron, les oignons verts, le fromage, le sel, le poivre et l'aneth aux macaronis et bien mélanger pour combiner.

c) Réfrigérer pendant 3 heures.

d) Faire frire le bacon pendant 10 minutes, jusqu'à ce qu'il soit croustillant.

e) Égoutter le bacon et laisser refroidir, puis émietter le bacon.

f) Garnir la salade avec le bacon émietté.

g) Servir sur de la laitue romaine.

65. Nouilles Kugel

Portions : 10

Ingrédients
- 16 onces. nouilles aux oeufs
- $\frac{3}{4}$ tasse de beurre
- 5 oeufs battus
- $\frac{3}{4}$ tasse de sucre
- 1 $\frac{1}{2}$ tasse de compote de pommes
- $\frac{1}{2}$ tasse de raisins secs
- $\frac{1}{2}$ tasse de pacanes hachées
- 1 cuillères à café d'extrait de vanille
- 1 cuillères à soupe de cannelle

les directions
a) Préchauffer le four à 350 degrés.
b) Cuire les pâtes dans une casserole d'eau bouillante salée pendant 5 minutes. Drainer.
c) Transférer les nouilles aux œufs dans un grand saladier.
d) Incorporer le beurre dans les nouilles tièdes/chaudes jusqu'à ce qu'il soit fondu.
e) Ajouter les ingrédients restants et bien mélanger.
f) Placer le mélange dans un plat allant au four de 9 x 13 pouces.
g) Couvrir de papier d'aluminium.
h) Cuire au four pendant 30 minutes.
i) Retirer le papier d'aluminium et cuire 15 minutes de plus.

66.Salade de tortellinis au pesto

Portions : 6

Ingrédients
9 onces. tortellinis au fromage
$\frac{3}{4}$ tasse de cœurs d'artichauts marinés hachés
$\frac{1}{2}$ tasse de poivron rouge rôti haché
$\frac{1}{4}$ tasse d'olives Kalamata tranchées
$\frac{1}{4}$ tasse de tomates cerises coupées en deux
3 gousses d'ail hachées
$\frac{1}{2}$ tasse de mayonnaise
$\frac{1}{4}$ tasse de pesto au basilic préparé
2 cuillères à soupe de parmesan râpé
2 cuillères à soupe d'huile d'olive
2 cuillères à soupe de vinaigre blanc

les directions
a) Cuire les tortellinis dans une casserole d'eau bouillante salée pendant 5 minutes.
b) Égoutter et laisser refroidir.
c) Mélanger les tortellinis, les cœurs d'artichauts marinés, le poivron rouge rôti, les olives Kalamata, les tomates cerises coupées en deux et l'ail dans un grand bol.
d) Dans un autre bol, mélanger la mayonnaise, le pesto, le parmesan, l'huile d'olive et le vinaigre.
e) Garnir la salade de tortellinis avec la vinaigrette et mélanger pour bien enrober.
f) Réfrigérer pendant 1 heure.

67.Salade de pâtes aux confettis

Portions : 6

Ingrédients
- 2 tasses de pâtes rotini multicolores non cuites
- $\frac{3}{4}$ tasse de mayonnaise
- $\frac{1}{2}$ paquet de vinaigrette italienne séchée
- 1 cuillères à soupe de vinaigre de cidre de pomme
- Sel et poivre au goût
- 2 gousses d'ail hachées
- 1 tasse de tomates hachées
- 1 concombre pelé et tranché
- $\frac{1}{2}$ poivron rouge haché
- $\frac{1}{2}$ poivron vert haché
- $\frac{1}{2}$ tasse d'olives noires tranchées
- $\frac{1}{4}$ tasse de fromage mozzarella en cubes

les directions
a) Cuire les pâtes dans une casserole d'eau bouillante salée pendant 10 minutes. Drainer.
b) Mélanger la mayonnaise, la vinaigrette italienne sèche, le vinaigre, le sel, le poivre et l'ail dans un petit bol.
c) À l'aide d'un grand saladier, ajouter les pâtes cuites et les ingrédients restants et mélanger avec la vinaigrette.
d) Réfrigérer pendant 1 heure.

68.Salade de pâtes Caprese

Portions : 8

Ingrédients:

- 2 tasses de pâtes penne cuites
- 1 tasse de pesto
- 2 tomates hachées
- 1 tasse de fromage mozzarella coupé en dés
- Sel et poivre au goût
- 1/8 cuillères à café d'origan
- 2 cuillères à café de vinaigre de vin rouge

les directions:

a) Faites cuire les pâtes selon les instructions sur l'emballage, ce qui devrait prendre environ 12 minutes. Drainer.

b) Dans un grand bol à mélanger, combiner les pâtes, le pesto, les tomates et le fromage; assaisonner avec du sel, du poivre et de l'origan.

c) Arrosez le dessus de vinaigre de vin rouge.

d) Réserver 1 heure au réfrigérateur.

69.Beignets de mozzarella et spaghettis

Ingrédient

- 2 gousses d'ail

- 1 botte de persil frais

- 3 oignons à salade; émincé

- 225 grammes de porc haché maigre

- 2 cuillères à soupe de parmesan fraîchement râpé

- 1 cuillère à soupe d'huile d'olive

- 150 grammes Spaghetti ou tagliatelles

- 100 millilitres de bouillon

- 400 grammes de tomates concassées

- 1 pincée de sucre et 1 trait de sauce soja

- Sel et poivre

- 1 oeuf

- 1 cuillère à soupe d'huile d'olive

- 75 millilitres de lait

- 50 grammes de Farine ordinaire

- 150 grammes de mozzarella fumée

- Huile de tournesol; pour la friture

- 1 citron

Les directions:

a) Écraser l'ail et hacher finement le persil. Mélanger le hachis, les oignons à salade, l'ail, le parmesan, le persil et beaucoup de sel et de poivre.

b) Former huit boules fermes.

c) Cuire les boulettes de viande jusqu'à ce qu'elles soient bien dorées. Verser le bouillon.

d) Faire cuire les pâtes dans une grande casserole d'eau bouillante salée.

70.Bucatini de maïs à la crème en un pot

PORTIONS : 6

Ingrédients

- 4 cuillères à soupe de beurre salé
- 4 épis de maïs jaune, grains tranchés de l'épi
- 2 gousses d'ail, hachées ou râpées
- 2 cuillères à soupe de feuilles de thym frais
- 1 piment jalapeño ou rouge de Fresno, épépiné et tranché finement
- 2 oignons verts, hachés
- Sel casher et poivre fraîchement moulu
- 1 bucatini (boîte de 1 livre)
- $\frac{1}{2}$ tasse de parmesan râpé
- 2 cuillères à soupe de crème fraiche
- $\frac{1}{4}$ tasse de feuilles de basilic frais, grossièrement déchirées

les directions

a) Faire fondre le beurre dans un grand four hollandais à feu moyen. Ajouter le maïs, l'ail, le thym, le jalapeño, les oignons verts et une pincée de sel et de poivre. Cuire, en remuant de temps en temps, jusqu'à ce que le maïs soit doré et caramélisé sur les bords, environ 5 minutes.

b) Ajouter 4$\frac{1}{2}$ tasses d'eau, augmenter le feu à vif et porter à ébullition. Ajouter les pâtes et assaisonner de sel. Cuire, en remuant souvent, jusqu'à ce que la majeure partie du liquide ait été absorbée et que les pâtes soient al dente, environ 10 minutes.

c) Retirer la casserole du feu et incorporer le parmesan, la crème fraîche et le basilic. Si la sauce vous semble trop épaisse, ajoutez un peu d'eau pour la diluer. Sers immédiatement.

71.Macaroni au fromage aux épinards et aux artichauts

PORTIONS : 6 À 8

Ingrédients

- 6 cuillères à soupe de beurre salé, à température ambiante, et plus pour le graissage

- 1 boîte (1 livre) de pâtes courtes, comme des macaronis

- 2 tasses de lait entier

- 1 paquet (8 onces) de fromage à la crème, coupé en cubes

- 3 tasses de fromage cheddar fort râpé

- Sel casher et poivre fraîchement moulu

- Poivre de Cayenne moulu

- 2 tasses de bébés épinards frais emballés, hachés

- 1 pot (8 onces) d'artichauts marinés, égouttés et hachés grossièrement

- $1\frac{1}{2}$ tasse de craquelins Ritz écrasés (environ 1 manche)

- $\frac{3}{4}$ cuillère à café d'ail en poudre

les directions

a) Préchauffer le four à 375°F. Graisser un plat de cuisson de 9 × 13 pouces.

b) Dans une grande casserole, porter 4 tasses d'eau salée à ébullition à feu vif. Ajouter les pâtes et cuire, en remuant de temps en temps, pendant 8 minutes. Incorporer le lait et le fromage à la crème et cuire jusqu'à ce que le fromage à la crème ait fondu et que les pâtes soient al dente, environ 5 minutes de plus.

c) Retirer la casserole du feu et incorporer 2 tasses de cheddar et 3 cuillères à soupe de beurre. Assaisonnez avec du sel, du poivre et du poivre de Cayenne. Incorporer les épinards et les artichauts. Si la sauce vous semble trop épaisse, ajoutez $\frac{1}{4}$ de tasse de lait ou d'eau pour la diluer.

d) Transférer le mélange dans le plat de cuisson préparé. Garnir avec la 1 tasse de cheddar restante.

e) Dans un bol moyen, mélanger les craquelins, les 3 cuillères à soupe de beurre restantes et la poudre d'ail. Saupoudrer uniformément la chapelure sur le macaroni au fromage.

f) Cuire au four jusqu'à ce que la sauce bouillonne et que la chapelure soit dorée, environ 20 minutes. Laisser refroidir 5 minutes et servir. Conservez les restes au réfrigérateur dans un récipient hermétique jusqu'à 3 jours.

72.Coquilles décadentes farcies aux épinards

Ingrédients

- 1 paquet (12 onces) de coquilles de pâtes géantes
- 1 pot (24 onces) de sauce pour pâtes aux poivrons rouges rôtis et à l'ail
- 2 paquets (8 onces chacun) de fromage à la crème, ramolli
- 1 tasse de sauce Alfredo à l'ail rôti
- Pincée de sel
- Piment poivre
- Une pincée de flocons de piment rouge broyés, facultatif
- 2 tasses de mélange de fromages italiens râpés
- 1/2 tasse de parmesan râpé
- 1 paquet (10 onces) d'épinards hachés surgelés, décongelés et essorés
- 1/2 tasse de cœurs d'artichauts conservés dans l'eau finement hachés
- 1/4 tasse de poivron rouge rôti finement haché
- Fromage parmesan supplémentaire, facultatif

les directions

a) Préchauffer le four à 350°. Cuire les coquilles de pâtes selon les instructions sur l'emballage pour une cuisson al dente. Drainer.

b) Étendre 1 tasse de sauce dans un moule graissé de 13 x 9 po. plat de cuisson. Dans un grand bol, battre le fromage à la crème, la sauce Alfredo et les assaisonnements jusqu'à homogénéité. Incorporer les fromages et les légumes. Verser dans les coquilles. Disposer dans un plat allant au four préparé.

c) Verser le reste de sauce sur le dessus. Cuire, couvert, 20 minutes. Si désiré, saupoudrer de parmesan supplémentaire. Cuire, à découvert, 10 à 15 minutes de plus ou jusqu'à ce que le fromage soit fondu.

73.Pâtes au Butternut et aux Blettes

Ingrédient

- 3 tasses de pâtes papillon non cuites
- 2 tasses de fromage ricotta sans gras
- 4 gros œufs
- 3 tasses de courge musquée en cubes surgelée, décongelée et divisée
- 1 cuillère à café de thym séché
- 1/2 cuillère à café de sel, divisée
- 1/4 cuillère à café de muscade moulue
- 1 tasse d'échalotes hachées grossièrement
- 1-1/2 tasses de bettes à carde hachées, tiges retirées
- 2 cuillères à soupe d'huile d'olive
- 1-1/2 tasses de chapelure panko
- 1/3 tasse de persil frais haché grossièrement
- 1/4 cuillère à café d'ail en poudre

les directions

a) Préchauffer le four à 375°. Cuire les pâtes selon les instructions sur l'emballage pour al dente; drainer. Pendant ce temps, placez la ricotta, les œufs, 1-1/2 tasse de courge, le thym, 1/4 cuillère à café de sel et la muscade dans un robot culinaire; processus jusqu'à consistance lisse. Verser dans un grand bol. Incorporer les pâtes, les échalotes, la bette à carde et la courge restante. Transférer dans un 13x9-in graissé. plat de cuisson.

b) Dans une grande poêle, chauffer l'huile à feu moyen-vif. Ajouter la chapelure; cuire et remuer jusqu'à ce qu'ils soient dorés, 2-3 minutes. Incorporer le persil, la poudre d'ail et le 1/4 de cuillère à café de sel restant. Saupoudrer sur le mélange de pâtes.

c) Cuire au four, à découvert, jusqu'à ce que le tout soit pris et que la garniture soit dorée, de 30 à 35 minutes.

PÂTES À LA SAUCISSE

74.Lasagne du sud-ouest

Portions : 6

Ingrédients
- 2 cuillères à soupe d'huile d'olive
- 1 oignon haché
- 1 $\frac{1}{2}$ tasse de fromage cheddar râpé
- 1 cuillères à soupe de piment jalapeno haché
- 4 gousses d'ail hachées
- 3 tasses de chair à saucisse chaude
- $\frac{1}{2}$ tasse de sauce piquante
- 1 cuillères à café d'assaisonnement italien ou au goût
- 4 tasses de sauce tomate
- 2 tasses de fromage Pepper Jack râpé
- 15 tortillas de maïs

les directions
a) Préchauffez votre four à 350 degrés F.
b) Faire chauffer l'huile d'olive dans une grande poêle.
c) Faire revenir l'ail, le piment jalapeno et l'oignon pendant 5 minutes.
d) Ajouter la chair à saucisse et assaisonner avec l'assaisonnement italien.
e) Incorporer la sauce tomate et la sauce piquante.
f) Bien mélanger tous les ingrédients.
g) Couvrir la poêle et laisser mijoter 15 minutes.
h) Enduire un plat de cuisson 9x13 avec un spray antiadhésif.
i) Couche le plat de cuisson avec 1 tortilla, une couche de saucisse et de sauce et une couche de fromage pepper jack.
j) Créez 2 couches supplémentaires.
k) Garnir la troisième couche de fromage cheddar.
l) Cuire au four pendant 45 minutes.

75.Casserole Romano Rigatoni

SERVIT6

Ingrédients

- 1 lb de saucisse moulue

- 1/4 T. de fromage Romano, râpé

- 1 boîte (28 oz) de sauce tomate à l'italienne

- persil haché, pour garnir

- 1 boîte (14 1/2 oz) de haricots cannellini, égouttés et rincés

- 1 (16 oz.) BOÎTE de pâtes rigatoni

- 1/2 cuillères à café d'ail haché

- 1 cuillères à café d'assaisonnement italien

- 3 C. de fromage mozzarella râpé

les directions

a) Avant de faire quoi que ce soit, réglez le four à 350 F. Graissez une grande casserole avec du beurre ou de l'huile.

b) Placer une grande casserole à feu moyen. Ajouter l'ail aux saucisses et les faire cuire 6 min.

c) Ajouter la sauce tomate, les haricots et l'assaisonnement à l'italienne puis les faire cuire 5 min à feu doux.

d) Cuire les pâtes selon les instructions du fabricant. Égouttez les pâtes et placez-les dans la casserole.

e) Versez la moitié du mélange de pâtes à la saucisse dans la casserole graissée, puis recouvrez-la de la moitié du fromage mozzarella. Répétez le processus pour faire une autre couche.

f) Garnir la cocotte de fromage romano puis mettre dessus un morceau de papier d'aluminium. Cuire la cocotte de rigatoni au four pendant 26 min.

g) Servez vos rigatonis chauds.

76.Salade de rotini au pepperoni et au fromage

SERVIT8

Ingrédients

- 1 paquet (16 oz) de pâtes rotini tricolores

- 1 paquet (8 oz) de fromage mozzarella

- 1/4 lb de saucisses au pepperoni tranchées

- 1 C. bouquets de brocoli frais

- 1 bouteille (16 oz) de salade à l'italienne

- 1 boîte (6 oz) d'olives noires, égouttées

- pansement

les directions

a) Cuire les pâtes selon les indications sur le paquet.

b) Obtenez un grand bol à mélanger : mélangez-y les pâtes, le pepperoni, le brocoli, les olives, le fromage et la vinaigrette.

c) Rectifiez l'assaisonnement de la salade et placez-la au réfrigérateur pendant 1 h 10 min. Sers le.

77.Pâtes amusantes romaines

SERVIT6

Ingrédients

- 1 paquet (12 oz) de pâtes papillon

- 1 boîte (28 oz) de tomates italiennes italiennes, égouttées

- 2 cuillères à soupe d'huile d'olive

- 1 lb de saucisses italiennes douces, émiettées

- 1 1/2 C. de crème épaisse

- 1/2 cuillères à café de sel

- 1/2 cuillères à café de flocons de piment rouge

- 3 cuillères à soupe de persil frais haché

- 1/2 C. oignon coupé en dés

- 3 gousses d'ail, hachées

les directions

a) Faites bouillir vos pâtes dans l'eau et le sel pendant 9 minutes puis retirez les liquides.

b) Commencez à faire sauter vos flocons de piment et vos saucisses dans l'huile jusqu'à ce que la viande soit dorée, puis ajoutez l'ail et les oignons.

c) Laissez les oignons cuire jusqu'à ce qu'ils soient tendres puis ajoutez le sel, la crème et les tomates.

d) Remuez le mélange puis faites bouillir doucement le tout.

e) Laissez le mélange cuire doucement à feu doux pendant 9 minutes puis ajoutez les pâtes.

f) Remuer le mélange, pour cuire uniformément les nouilles, puis enrober le tout de persil.

78. Tortellini Classique

SERVIT8

Ingrédients

- 1 lb de saucisses italiennes douces, boyaux retirés
- 1/2 cuillères à café d'origan séché
- 1 C. oignon coupé en dés
- 1 boîte (8 oz) de sauce tomate
- 2 gousses d'ail, hachées
- 1 1/2 C. de courgettes tranchées
- 5 c. de bouillon
- 8 onces. pâtes tortellini fraîches
- 1/2 C. d'eau
- 3 cuillères à soupe de persil frais haché
- 1/2 C. de vin rouge
- 4 grosses tomates - pelées, épépinées et coupées en dés
- 1 C. de carottes tranchées finement
- 1/2 cuillères à soupe de feuilles de basilic frais tassées

les directions

a) Dans une grande marmite, faites dorer votre saucisse sur toute sa surface.

b) Retirez ensuite la viande de la poêle.

c) Commencez à faire sauter votre ail et vos oignons dans le jus de cuisson, puis ajoutez : la saucisse, le bouillon, la sauce tomate, l'eau, l'origan, le vin, le basilic, les tomates et les carottes.

d) Faites bouillir le mélange, réglez le feu à doux et laissez tout cuire pendant 35 minutes.

e) Retirez le gras qui remonte à la surface puis ajoutez le persil et les courgettes.

f) Poursuivre la cuisson du mélange pendant 20 minutes de plus avant d'ajouter les pâtes et de laisser le tout cuire 15 minutes de plus.

79.Lasagne Espagnole

SERVIT12

Ingrédients

- 4 C. de tomates émincées en conserve
- 1 contenant (32 oz) de fromage ricotta
- 1 (7 oz) de piments verts en dés
- 4 oeufs, légèrement battus
- 1 (4 oz) de piments jalapeno en dés
- 1 paquet (16 oz) de mélange de quatre fromages râpés à la mexicaine
- 1 oignon, coupé en dés
- 3 gousses d'ail, hachées
- 1 paquet (8 oz) de nouilles à lasagne sans cuisson
- 10 brins de coriandre fraîche, hachée
- 2 cuillères à soupe de cumin moulu
- 2 livres. saucisse de chorizo

les directions

a) Faire bouillir ce qui suit pendant 2 minutes, puis laisser mijoter à feu doux pendant 55 minutes : coriandre, tomates, cumin, piments verts, ail, oignon et jalapenos.

b) Prenez un bol, mélangez les œufs battus et la ricotta.

c) Réglez votre four à 350 degrés avant de continuer.

d) Faites sauter vos chorizos. Retirez ensuite l'excédent d'huile et émiettez la viande.

e) Dans votre plat allant au four, appliquez une légère couche de sauce puis couchez : saucisse, 1/2 de votre sauce, 1/2 fromage râpé, nouilles à lasagne, ricotta, plus de nouilles, toute la sauce restante et plus de fromage râpé.

f) Enduisez du papier d'aluminium d'un spray antiadhésif et couvrez les lasagnes. Cuire 30 minutes à couvert et 15 minutes sans couvercle.

80.Ziti à la saucisse

Portions : 8

Ingrédients:

- 1 lb de saucisse italienne émiettée
- 1 tasse de champignons tranchés
- $\frac{1}{2}$ tasse de céleri coupé en dés
- 1 oignon coupé en dés
- 3 gousses d'ail hachées
- 42 onces. sauce à spaghetti du commerce ou maison
- Sel et poivre au goût
- $\frac{1}{2}$ cuillère à café d'origan
- $\frac{1}{2}$ cuillère à café de basilic
- 1 lb de pâtes ziti non cuites
- 1 tasse de fromage mozzarella râpé
- $\frac{1}{2}$ tasse de parmesan râpé
- 3 cuillères à soupe de persil haché

les directions:

a) Dans une poêle, dorer la saucisse, les champignons, l'oignon et le céleri pendant 5 minutes.

b) Après cela, ajoutez l'ail. Cuire encore 3 minutes. Retirer de l'équation.

c) Ajouter la sauce à spaghetti, le sel, le poivre, l'origan et le basilic dans une poêle séparée.

d) Faire mijoter la sauce pendant 15 minutes.

e) Préparez les pâtes dans une casserole selon les instructions sur l'emballage pendant que la sauce cuit. Drainer.

f) Préchauffer le four à 350 degrés Fahrenheit.

g) Dans un plat allant au four, mettre le ziti, le mélange de saucisses et la mozzarella râpée en deux couches.

h) Saupoudrer de persil et de parmesan sur le dessus.

i) Préchauffer le four à 350°F et cuire 25 minutes.

81.Lasagne en sauce

Portions : 4

Ingrédients:

- 1 ½ lb de saucisses italiennes épicées émiettées
- 5 tasses de sauce à spaghetti du commerce
- 1 tasse de sauce tomate
- 1 cuillère à café d'assaisonnement italien
- ½ tasse de vin rouge
- 1 cuillère à soupe de sucre
- 1 cuillère à soupe d'huile
- 5 gants à l'ail haché
- 1 oignon coupé en dés
- 1 tasse de fromage mozzarella râpé
- 1 tasse de fromage provolone râpé
- 2 tasses de fromage ricotta
- 1 tasse de fromage cottage
- 2 gros oeufs
- ¼ tasse de lait
- 9 nouilles nouilles à lasagne – étuvées
- ¼ tasse de parmesan râpé

les directions:

a) Préchauffer le four à 375 degrés Fahrenheit.

b) Dans une poêle, dorer le saucisson émietté pendant 5 minutes. Toute graisse doit être jetée.

c) Dans une grande casserole, combiner la sauce pour pâtes, la sauce tomate, l'assaisonnement italien, le vin rouge et le sucre et bien mélanger.

d) Dans une poêle, faire chauffer l'huile d'olive. Puis, pendant 5 minutes, faire revenir l'ail et l'oignon.

e) Incorporer la saucisse, l'ail et l'oignon dans la sauce.

f) Après cela, couvrez la casserole et laissez mijoter pendant 45 minutes.

g) Dans un plat à mélanger, mélanger les fromages mozzarella et provolone.

h) Dans un autre bol, mélanger la ricotta, le fromage cottage, les œufs et le lait.

i) Dans un plat de cuisson 9 x 13, verser 12 tasses de sauce au fond du plat.

j) Disposez maintenant les nouilles, la sauce, la ricotta et la mozzarella dans le plat de cuisson en trois couches.

k) Étendre le parmesan sur le dessus.

l) Cuire dans un plat couvert pendant 30 minutes.

m) Cuire encore 15 minutes après avoir découvert le plat.

82.Lasagne à la mijoteuse

Portions : 8

Ingrédients
- 1 lb de boeuf haché
- ½ lb de chair à saucisse italienne épicée émiettée
- 1 oignon haché
- 3 gousses d'ail hachées
- 1 tasse de champignons tranchés
- 3 tasses de sauce tomate – maison c'est bien, et en pot c'est bien
- 1 tasse d'eau
- 8 onces. pâte de tomate
- 1 cuillères à café d'assaisonnement italien
- 12 onces. nouilles à lasagne prêtes à cuire (pas du genre régulier)
- 1 ¼ tasse de fromage ricotta
- ½ tasse de parmesan râpé
- 2 tasses de fromage mozzarella râpé
- 1 tasse supplémentaire de fromage mozzarella râpé

les directions
a) Faire revenir le bœuf, la saucisse, l'oignon, l'ail et les champignons dans une grande poêle pendant 5 minutes.
b) Égouttez toute graisse.
c) Incorporer la sauce, l'eau, la pâte de tomate, l'assaisonnement italien et bien mélanger.
d) Laisser mijoter 5 minutes.
e) Mélanger la ricotta, le parmesan et 2 tasses de fromage mozzarella dans un bol.
f) Créez des couches (2 à 3) de viande, sauce, double couche de nouilles (cassez-les en deux) et mélange de fromage.

g) Garnir de 1 tasse de fromage mozzarella râpé.
h) Cuire 4 heures à feu doux.

83.Penne et Saucisse Fumée

Ingrédient

- 2 tasses de pâtes penne non cuites
- 1 livre de saucisse fumée, coupée en tranches de 1/4 de pouce
- 1 1/2 tasse de lait 2 %
- 1 boîte (10-3/4 onces) de soupe de crème de céleri condensée, non diluée
- 1-1/2 tasses d'oignons frits au cheddar, divisés
- 1 tasse de fromage mozzarella partiellement écrémé râpé, divisé
- 1 tasse de petits pois surgelés

les directions

a) Préchauffer le four à 375°. Cuire les pâtes selon les instructions du paquet.

b) Entre-temps, dans une grande poêle, dorer les saucisses à feu moyen 5 minutes; drainer. Dans un grand bol, mélanger le lait et la soupe. Incorporer 1/2 tasse d'oignons, 1/2 tasse de fromage, les pois et les saucisses. Égoutter les pâtes; incorporer au mélange de saucisses.

c) Transférer dans un 13x9-in graissé. plat de cuisson. Couvrir et cuire jusqu'à ce que bouillonnant, 25-30 minutes. Parsemer du reste des oignons et du fromage. Cuire au four, à découvert, jusqu'à ce que le fromage soit fondu, 3 à 5 minutes de plus.

d) Option de congélation : Saupoudrer les oignons et le fromage restants sur la casserole non cuite. Couvrir et congeler. Pour l'utiliser, décongeler partiellement au réfrigérateur pendant la nuit. Retirer du réfrigérateur 30 minutes avant la cuisson. Préchauffer le four à 375°. Cuire la casserole comme indiqué, en augmentant le temps nécessaire pour chauffer et pour qu'un thermomètre inséré au centre indique 165°.

84.Coquilles farcies aux épinards et aux trois fromages

PORTIONS : 6 À 8

Ingrédients

- 2 cuillères à soupe d'huile d'olive extra vierge

- 1 livre de saucisse italienne épicée moulue

- 2 boîtes (28 onces) de tomates concassées, comme des tomates San Marzano ou Pomi

- 1 poivron rouge, épépiné et tranché

- 2 cuillères à café d'origan séché

- $\frac{1}{2}$ cuillère à café de flocons de piment rouge broyés, et plus au besoin

- Sel casher et poivre fraîchement moulu

- 1 sac (8 onces) d'épinards hachés surgelés, décongelés et essorés

- 1 boîte (1 livre) de coquilles de pâtes géantes

- 16 onces de fromage ricotta au lait entier

- 2 tasses de fromage Gouda râpé

- 1 tasse de feuilles de basilic frais, hachées, et plus pour servir

- 8 onces de fromage mozzarella frais, déchiré

les directions

a) Préchauffer le four à 350°F.

b) Chauffer l'huile d'olive dans une grande poêle allant au four à feu moyen-vif. Lorsque l'huile scintille, ajouter la saucisse et cuire, en l'émiettant avec une cuillère en bois, jusqu'à ce qu'elle soit dorée, 5 à 8 minutes. Réduire le feu à doux et ajouter les tomates broyées, le poivron, l'origan, les flocons de piment rouge et une pincée de sel et de poivre. Laisser mijoter jusqu'à ce que la sauce épaississe légèrement, 10 à 15 minutes. Incorporer les épinards. Goûtez et ajoutez plus de sel, de poivre et de flocons de piment rouge.

c) Pendant ce temps, porter une grande casserole d'eau salée à ébullition à feu vif. Ajouter les coquilles et cuire selon les instructions sur l'emballage, jusqu'à ce qu'elles soient al dente. Bien égoutter.

d) Dans un bol moyen, mélanger la ricotta, le gouda et le basilic. Transférer le mélange dans un sac zippé de la taille d'un gallon. Poussez le mélange dans un coin du sac, faites sortir l'air du haut du sac et coupez environ $\frac{1}{2}$ pouce de ce coin.

e) En travaillant un à la fois, versez environ 1 cuillère à soupe du mélange de fromage dans chaque coquille, puis placez-les dans la poêle. Saupoudrer uniformément les coquilles de mozzarella.

f) Transférer la poêle au four et cuire jusqu'à ce que le fromage soit fondu et dore légèrement sur le dessus, 25 à 30 minutes.

85.Lasagne Classique II

SERVIT12

Ingrédients

- 1 lb de saucisse italienne douce
- 1 cuillères à soupe de sel
- 3/4 lb de boeuf haché maigre
- 1/4 cuillères à café de poivre noir moulu
- 1/2 C. oignon émincé
- 4 cuillères à soupe de persil frais haché
- 2 gousses d'ail, écrasées
- 12 pâtes à lasagne
- 1 (28 oz.) boîte de tomates broyées
- 16 onces. fromage ricotta
- 2 boîtes (6 oz) de pâte de tomate
- 1 oeuf
- 2 boîtes (6,5 oz) de sauce tomate en conserve
- 1/2 cuillères à café de sel
- 1/2 C. d'eau
- 3/4 lb de fromage mozzarella, tranché
- 2 cuillères à soupe de sucre blanc

- 3/4 C. de parmesan râpé

- 1 1/2 cuillères à café de feuilles de basilic séchées

- 1/2 cuillères à café de graines de fenouil

- 1 cuillères à café d'assaisonnement italien

les directions

a) Faites sauter l'ail, la saucisse, l'oignon et le bœuf jusqu'à ce que la viande soit entièrement cuite. Ajoutez ensuite 2

b) Cuillères à soupe de persil, tomates concassées, poivre, pâte de tomate, 1 cuillère à soupe de sel, sauce tomate, épices italiennes, eau, graines de fenouil, sucre et basilic.

c) Faites bouillir le mélange, réglez le feu à doux et laissez le contenu cuire doucement pendant 90 minutes. Remuez le mélange au moins 4 fois.

d) Faites maintenant bouillir vos pâtes dans l'eau et le sel pendant 9 minutes puis retirez les liquides.

e) Prenez un bol, mélangez 1/2 cuillères à café de sel, la ricotta, le reste du persil et les œufs.

f) Réglez votre four à 375 degrés avant de faire quoi que ce soit d'autre.

g) Nappez le fond d'une cocotte avec 1,5 C. du mélange viande-tomate puis déposez dessus six lasagnes.

h) Ajouter la moitié du mélange de fromage puis 1/3 de la mozzarella.

i) Ajouter à nouveau 1,5 C. de mélange de viande de tomates et un quart de C. de parmesan.

j) Continuez à superposer de cette manière jusqu'à ce que tous les ingrédients aient été utilisés.

k) Essayez de terminer avec de la mozzarella et du parmesan.

l) Prenez un grand morceau de papier d'aluminium et enduisez-le d'un spray antiadhésif, puis couvrez la cocotte avec le papier d'aluminium et faites cuire le tout au four pendant 30 minutes.

m) Retirez maintenant le papier d'aluminium et poursuivez la cuisson des lasagnes pendant 20 minutes supplémentaires.

n) Servir le plat après avoir tout laissé reposer pendant au moins 30 minutes (plus c'est mieux).

86.Lasagne au pepperoni

SERVIT12

Ingrédients

- 3/4 lb de boeuf haché
- 1/4 cuillères à café de poivre noir moulu
- 1/2 lb de salami, haché
- 9 pâtes à lasagne
- 1/2 lb de saucisses au pepperoni, hachées
- 4 C. de fromage mozzarella râpé
- 1 oignon, émincé
- 2 C. de fromage blanc
- 2 boîtes (14,5 oz) de tomates étuvées
- 9 tranches de fromage blanc américain
- 16 onces. sauce tomate
- fromage parmesan râpé
- 6 onces. pâte de tomate
- 1 cuillères à café d'ail en poudre
- 1 cuillères à café d'origan séché
- 1/2 cuillères à café de sel

les directions

a) Faites frire votre pepperoni, votre bœuf, vos oignons et votre salami pendant 10 minutes. Retirer l'excédent d'huile. Mettez le tout dans votre mijoteuse à feu doux avec du poivre, de la sauce et de la pâte de tomates, du sel, des tomates compotées, de l'origan et de la poudre d'ail pendant 2 heures.

b) Allumez votre four à 350 degrés avant de continuer.

c) Faites bouillir vos lasagnes dans de l'eau salée jusqu'à ce qu'elles soient al dente pendant 10 minutes, puis retirez toute l'eau.

d) Dans votre plat allant au four, appliquez une légère couche de sauce puis couchez : 1/3 de nouilles, 1 1/4 C. de mozzarella, 2/3 C. de fromage cottage, des tranches de fromage américain, 4 cuillères à soupe de parmesan, 1/3 de viande. Continuer jusqu'à ce que le plat soit plein.

e) Cuire pendant 30 minutes.

PÂTES CLASSIQUES

87.Salade de nouilles ramen

Portions : 6

Ingrédients
- 6 onces. de nouilles ramen écrasées
- 1 tasse d'amandes effilées
- 1 cuillères à soupe de graines de sésame
- $\frac{1}{4}$ d'huile de colza
- 3 cuillères à soupe de vinaigre blanc
- 1 paquet de saveur de nouilles ramen
- $\frac{1}{2}$ tasse de sucre blanc
- 2 cuillères à soupe de sauce soja
- 2 tasses de mélange de salade de chou
- $\frac{1}{2}$ tasse de châtaignes d'eau hachées
- 4 oignons verts hachés
- Sel et poivre au goût

les directions
a) Placer les nouilles ramen, les amandes effilées et les graines de sésame sur une plaque à pâtisserie et cuire au four pendant 10 minutes à 350 degrés. Laisser refroidir.
b) Mélangez l'huile, le vinaigre, le sucre, le sachet de saveur de ramen et le vinaigre dans une petite casserole et faites bouillir pendant 1 minute.
c) Incorporer la sauce soja.
d) Transférer le mélange de salade de chou, les châtaignes d'eau et l'oignon vert dans un saladier.
e) Incorporer le mélange de nouilles et le mélange d'huile et de vinaigre et bien mélanger.
f) Assaisonner de sel et de poivre, si nécessaire.

88.Cheveux d'Ange Carbonara

Portions : 2

Ingrédients
- 4 tranches de bacon
- $\frac{1}{2}$ lb de pâtes cheveux d'ange
- $\frac{1}{4}$ tasse de crème sure nature
- $\frac{1}{4}$ tasse de crème épaisse
- $\frac{1}{4}$ tasse de Pecorino Romano râpé
- 1 oeuf
- $\frac{1}{4}$ cuillères à café d'assaisonnement italien
- $\frac{1}{4}$ cuillères à café de flocons de piment rouge
- $\frac{1}{2}$ cuillères à café de sel d'ail

les directions
a) Faire revenir le bacon dans une poêle pendant 7 minutes.
b) Égoutter, laisser refroidir et émietter.
c) Cuire les cheveux d'ange dans une casserole d'eau salée pendant 5 minutes. Drainer.
d) Mélanger le yogourt, la crème sure, le Pecorino Romano, l'œuf et tous les assaisonnements dans un bol.
e) Mélanger les pâtes avec le mélange de fromage et garnir de bacon émietté.

89.Penne sauce vodka

Portions : 4

Ingrédients
- 16 onces. Penne
- 1 cuillères à soupe d'huile d'olive
- 1 oignon coupé en dés
- 3 gousses d'ail hachées
- $\frac{1}{4}$ lb de prosciutto haché
- 28 onces. tomates concassées en conserve
- 1 tasse de sauce tomate
- $\frac{1}{2}$ tasse de vodka
- 1 tasse de crème épaisse
- 1 tasse de parmesan
- $\frac{1}{2}$ tasse de feuilles de basilic frais hachées
- $\frac{1}{4}$ cuillères à café de thym
- 1 cuillères à soupe de persil haché
- Sel au goût
- 1 cuillères à café de sucre

les directions
a) Cuire les pâtes dans une casserole d'eau salée pendant 10 minutes. Drainer.
b) Faire chauffer l'huile dans une grande poêle ou une autre marmite.
c) Faire revenir l'oignon, l'ail, le prosciutto pendant 2 minutes.
d) Ajouter les tomates concassées et la sauce tomate.
e) Remuer et laisser mijoter 5 minutes.
f) Ajouter la vodka et la crème épaisse et laisser mijoter 20 minutes.
g) Assaisonner de basilic, thym, persil, sel et sucre.
h) Goûter et rectifier l'assaisonnement.

i) Incorporer les pâtes cuites et le parmesan et laisser mijoter 5 minutes.

90.Penne à la vodka

PORTIONS : 8

Ingrédients

- 4 cuillères à soupe de beurre salé

- 2 gousses d'ail, hachées ou râpées

- $\frac{1}{2}$ cuillère à café de flocons de piment rouge broyés

- $\frac{1}{2}$ tasse de vodka

- 1 boîte (28 onces) de tomates broyées, comme les tomates San Marzano ou Pomi

- $\frac{1}{2}$ tasse de tomates séchées au soleil emballées dans de l'huile d'olive, égouttées et hachées

- Sel casher et poivre fraîchement moulu

- $\frac{3}{4}$ tasse de crème épaisse

- 1 boîte de pennes (1 livre)

- 1 tasse de parmesan râpé, et plus pour servir

- Basilic frais, pour servir

les directions

a) Dans une grande casserole, mélanger le beurre, l'ail et les flocons de piment rouge à feu moyen-doux. Cuire, en remuant souvent, jusqu'à ce que le beurre soit fondu et que l'ail soit parfumé, environ 5 minutes. Ajouter la vodka et porter à ébullition. Cuire jusqu'à réduction d'un tiers, 2 à 3 minutes de plus. Ajouter les tomates concassées, les tomates séchées et une grosse pincée de sel et de poivre. Laisser mijoter la sauce à feu moyen jusqu'à ce qu'elle ait légèrement réduit, 10 à 15 minutes. Transférer la sauce dans un mélangeur ou utiliser un mélangeur à immersion pour réduire la sauce en purée lisse, 1 minute. Incorporer la crème jusqu'à consistance homogène.

b) Pendant ce temps, porter une grande casserole d'eau salée à ébullition à feu vif. Ajouter les penne et cuire selon les instructions sur l'emballage, jusqu'à ce qu'elles soient al dente. Égoutter et ajouter les pâtes et le parmesan à la sauce, en remuant pour combiner.

c) Pour servir de façon traditionnelle, répartissez les pâtes dans huit assiettes ou bols. Garnir de basilic et de parmesan.

91.Pâtes au basilic citronné et choux de Bruxelles

Ingrédients

- 1 boîte (1 livre) de pâtes longues, comme des bucatini ou des fettuccine

- 4 onces de prosciutto tranché finement, déchiré

- 3 cuillères à soupe d'huile d'olive extra vierge

- 1 livre de choux de Bruxelles, coupés en deux ou en quatre s'ils sont gros

- Sel casher et poivre fraîchement moulu

- 2 cuillères à soupe de vinaigre balsamique

- 1 piment jalapeño, épépiné et haché

- 1 cuillère à soupe de feuilles de thym frais

- 1 tasse de pesto citronné au basilic

- 4 onces de fromage de chèvre, émietté

- ⅓ tasse de fromage Manchego râpé

- Zeste et jus de 1 citron

les directions

a) Préchauffer le four à 375°F.

b) Porter une grande casserole d'eau salée à ébullition à feu vif. Ajouter les pâtes et cuire selon les instructions sur l'emballage jusqu'à ce qu'elles soient al dente. Réserver 1 tasse d'eau de cuisson des pâtes, puis égoutter.

c) Pendant ce temps, disposer le prosciutto en une couche uniforme sur une plaque à pâtisserie tapissée de papier parchemin. Cuire jusqu'à ce qu'ils soient croustillants, 8 à 10 minutes.

d) Pendant que les pâtes cuisent et que le prosciutto cuit, chauffer l'huile d'olive dans une grande poêle à feu moyen. Lorsque l'huile scintille, ajouter les choux de Bruxelles et cuire, en remuant de temps en temps, jusqu'à ce qu'ils soient dorés, 8 à 10 minutes. Assaisonnez avec du sel et du poivre. Réduire le feu à moyen-doux et ajouter le vinaigre, le jalapeño et le thym et cuire jusqu'à ce que les germes soient glacés, 1 à 2 minutes de plus.

e) Retirer la poêle du feu et ajouter les pâtes égouttées, le pesto, le fromage de chèvre, le Manchego, le zeste de citron et le jus de citron. Ajouter environ $\frac{1}{4}$ de tasse d'eau de cuisson des pâtes et remuer pour créer une sauce.

f) Ajouter 1 cuillère à soupe de plus à la fois jusqu'à ce que la consistance désirée soit atteinte. Goûtez et ajoutez plus de sel et de poivre au besoin.

g) Répartir les pâtes uniformément dans huit bols ou assiettes et garnir chacun de prosciutto croustillant.

92.Cuisson de pâtes Crimini

SERVIT6

Ingrédients

- 8 champignons crimini
- 1/3 C. de parmesan, râpé
- 1 c. fleuron de brocoli
- 3 cuillères à soupe d'herbes de Provence
- 1 c. épinards, feuilles fraîches, bien tassées
- 2 cuillères à soupe d'huile d'olive extra vierge
- 2 poivrons rouges, coupés en julienne
- 1 cuillères à soupe de sel
- 1 gros oignon, haché
- 1/2 cuillères à soupe de poivre
- 1 C. de fromage mozzarella, râpé
- 1 C. de sauce tomate
- 2/3 lb de pâtes (fettuccine ou penne fonctionnent bien)

les directions

a) Avant de faire quoi que ce soit, réglez le four à 450 F. Graissez une cocotte avec de l'huile ou un aérosol de cuisson.

b) Prenez un grand bol à mélanger : mélangez-y les champignons, le brocoli, les épinards, le poivron et l'oignon.

c) Ajouter 1 cuillère à soupe d'huile d'olive, saler, poivrer et mélanger à nouveau.

d) Répartir les légumes dans le plat beurré et faire cuire au four 10 min.

e) Cuire les pâtes jusqu'à ce qu'elles deviennent dente. Égouttez les pâtes et mettez-les de côté.

f) Obtenez un grand bol à mélanger : mélangez 1 cuillère à soupe d'huile d'olive avec des légumes cuits au four, des pâtes, des herbes et du fromage mozzarella. Répartir le mélange dans la cocotte.

g) Saupoudrez le fromage dessus puis faites cuire 20 min. Servez-le chaud et dégustez.

93.Spaghetti chaud ensoleillé

SERVIT2

Ingrédients

- 2 1/2 C. de spaghettis cuits
- 1 cuillères à café d'origan
- 1/4 C. d'huile d'olive
- 2 cuillères à soupe d'ail frais
- 8 piments pepperoncini, hachés finement
- 1/2 C. de sauce à spaghetti

les directions

a) Placer une grande casserole à feu moyen. Y faire chauffer l'huile. Ajoutez les herbes avec les poivrons et faites-les cuire 4 min.

b) Incorporer la sauce aux spaghettis cuits puis cuire 3 min.

c) Servez vos spaghettis chauds tout de suite.

94.Puttanesca

SERVIT4

Ingrédients

- 8 onces. Pâtes

- 2 cuillères à soupe de concentré de tomate

- 1/2 C. d'huile d'olive

- 3 cuillères à soupe de câpres

- 3 gousses d'ail, hachées

- 20 olives grecques, dénoyautées et coupées en gros dés

- 2 c. tomates en dés

- 1/2 cuillères à café de flocons de piment rouge broyés

- 4 filets d'anchois, rincés et coupés en dés

les directions

a) Faites bouillir vos pâtes dans l'eau et le sel pendant 9 minutes puis retirez tous les liquides.

b) Maintenant, faites sauter votre ail dans l'huile jusqu'à ce qu'il soit bien doré.

c) Ajoutez ensuite les tomates et faites cuire le mélange pendant 7 minutes avant d'ajouter : les flocons de piment, les anchois, les olives, le concentré de tomate et les câpres.

d) Laissez le mélange cuire pendant 12 minutes et remuez le tout au moins 2 fois.

e) Maintenant, ajoutez les pâtes et remuez le tout pour bien enrober les nouilles.

95.Orzo au parmesan

SERVIT6

Ingrédients

- 1/2 C. beurre, divisé

- ail en poudre au goût

- 8 oignons perlés

- sel et poivre au goût

- 1 c. de pâtes orzo non cuites

- 1/2 C. de parmesan râpé

- 1/2 C. champignons frais tranchés

- 1/4 C. de persil frais

- 1 C d'eau

- 1/2 C. de vin blanc

les directions

a) Faites sauter vos oignons dans la moitié du beurre jusqu'à ce qu'il soit doré, puis ajoutez le reste du beurre, les champignons et l'orzo.

b) Continuez à faire frire le tout pendant 7 minutes.

c) Maintenant, mélangez le vin et l'eau et faites bouillir le tout.

d) Une fois que le mélange bout, réglez le feu à doux et faites cuire le tout pendant 9 minutes après avoir ajouté le poivre, le sel et la poudre d'ail.

e) Une fois l'orzo cuit, garnissez-le de persil et de parmesan.

96.Pâtes rustiques

TEMPS DE PRÉPARATION: 10 minutes

TEMPS DE CUISSON: 35 Minutes

SERVIT4

Ingrédients

- 1 lb de pâtes farfalle (nœud papillon)

- 1 paquet (8 oz) de champignons, tranchés

- 1/3 C. d'huile d'olive

- 1 cuillères à soupe d'origan séché

- 1 gousse d'ail, hachée

- 1 cuillères à soupe de paprika

- 1/4 C. de beurre

- sel et poivre au goût

- 2 petites courgettes, coupées en quartiers et tranchées

- 1 oignon, haché

- 1 tomate, hachée

les directions

a) Faites bouillir vos pâtes pendant 10 minutes dans de l'eau et du sel. Retirer l'excédent de liquide et réserver.

b) Faites revenir votre sel, poivre, ail, paprika, courgette, origan, champignons, oignon et tomate, pendant 17 minutes dans l'huile d'olive.

c) Mélanger les légumes et les pâtes.

97.Nouilles aux œufs en Allemagne

SERVIT6

Ingrédients

- sel casher
- 3 cuillères à soupe de persil plat, haché
- 1 paquet (12 oz) de nouilles aux œufs larges
- poivre noir fraîchement moulu
- 4 à 6 cuillères à soupe de beurre non salé froid, coupé en morceaux

les directions

a) Dans une grande casserole d'eau bouillante légèrement salée, faire cuire les nouilles aux œufs environ 5 minutes en remuant de temps en temps.

b) Bien égoutter en réservant 1/4 C. du liquide de cuisson.

c) Dans une poêle moyenne, ajouter le liquide de cuisson chaud réservé à feu doux.

d) Lentement, ajouter le beurre en battant continuellement jusqu'à ce qu'une sauce crémeuse se forme.

e) Incorporer le persil, le sel et le poivre noir.

f) Ajouter les nouilles et mélanger pour bien les enrober.

g) Sers immédiatement.

98.Nouilles italiennes aux croûtons

SERVIT4

Ingrédients

- 12 onces. nouilles aux oeufs
- 1 pincée de sel
- 1/2 C. de beurre non salé
- 1/4 cuillères à café de poivre
- 2 tranches de pain blanc, déchirées

les directions

a) Dans une grande casserole d'eau bouillante, préparer les nouilles aux oeufs selon les indications du paquet.

b) Pendant ce temps pour les croûtons dans une petite poêle, faire fondre le beurre à feu moyen et cuire les morceaux de pain jusqu'à ce qu'ils soient légèrement croustillants.

c) Incorporer le sel et le poivre noir et retirer le tout du feu.

d) Dans un bol de service, mélanger les nouilles et les croûtons et servir

99.Lasagne aux coquilles de pâtes chargées

Ingrédient

- 4 tasses de fromage mozzarella râpé
- 1 carton (15 onces) de fromage ricotta
- 1 paquet (10 onces) d'épinards hachés surgelés, décongelés et essorés
- 1 paquet (12 onces) de coquilles de pâtes géantes, cuites et égouttées
- 3-1/2 tasses de sauce à spaghetti
- Fromage parmesan râpé, facultatif

les directions

a) Préchauffer le four à 350°. Mélanger les fromages et les épinards; fourrer dans des coquilles. Disposer dans un graissé 13x9-in. plat de cuisson. Verser la sauce à spaghetti sur les coquilles. Couvrir et cuire jusqu'à ce que le tout soit bien chaud, environ 30 minutes.

b) Si désiré, saupoudrer de parmesan après la cuisson.

100.   École de pâtes

les directions

d) Pour rouler la pâte à pâtes, ajustez une jauge de laminoir à pâtes au réglage le plus épais.

e) Saupoudrer une plaque à pâtisserie de semoule.

f) Sortez la pâte à pâtes du réfrigérateur et coupez-la en quartiers.

g) Saupoudrez légèrement un segment de pâte avec de la farine et passez-le dans le laminoir à pâtes, en saupoudrant à nouveau la pâte de farine lors de son passage dans le laminoir, pour créer de longues feuilles.

h) Ajustez le laminoir au réglage suivant le plus fin et passez à nouveau la pâte. Continuez à passer la pâte dans le laminoir de cette manière jusqu'à ce que vous l'ayez passée dans la jauge.

i) Placez la pâte en feuille sur la plaque à pâtisserie préparée et répétez l'opération en recouvrant les segments restants de la même manière et en saupoudrant les pâtes en feuille de semoule pour empêcher les feuilles de coller ensemble.

j) Utilisez les formes ou placez la plaque de cuisson au congélateur pendant plusieurs heures jusqu'à ce que les pâtes soient congelées. Essayez de résister à la tentation de les congeler plus de 2 semaines. Le congélateur déshydratera les pâtes, les faisant se fissurer, se casser et perdre leur texture appétissante.

k) Salez l'eau et faites cuire les pâtes al dente.

l) Égouttez rapidement les pâtes en laissant un peu d'eau s'écouler encore des pâtes, puis ajoutez-les rapidement dans la casserole avec la sauce.

CONCLUSION

Les pâtes se présentent sous de nombreuses formes, formes et tailles différentes. Il ne s'agit pas simplement de créer la pâte à pâtes. C'est aussi ce que vous avez l'intention d'en faire une fois que vous l'avez fait. Par exemple, la chose la plus simple à faire avec une pâte à pâtes est de la rouler puis de la couper en longues bandes de type Linguine. Il s'agit de la fabrication de pâtes dans sa forme la plus basique et c'est souvent le premier choix pour les débutants en pâtes. Cependant, il y a beaucoup plus à faire et ce livre vous montrera ce que vous pourriez faire d'autre avec votre pâte fraîchement préparée.

CPSIA information can be obtained
at www.ICGtesting.com
Printed in the USA
LVHW080502100622
720956LV00003B/15